Αρχαία Κόρινθος

Αρχαιολογικός Οδηγός

T0166152

Αρχαία Κόρινθος

Αρχαιολογικός Οδηγός

Έβδομη Έκδοση

Guy D. R. Sanders,
Jennifer Palinkas, *και*
Ιουλία Τζώνου-Herbst,
με James Herbst

Μετάφραση
Μαρία Μιχάλαρου

ΑΜΕΡΙΚΑΝΙΚΗ ΣΧΟΛΗ ΚΛΑΣΙΚΩΝ ΣΠΟΥΔΩΝ ΣΤΗΝ ΑΘΗΝΑ

PRINCETON, NEW JERSEY

Τίτλος του πρωτοτύπου

Ancient Corinth:
Site Guide
Princeton, New Jersey

© American School of Classical Studies at Athens, 2018

Σχεδιασμός: Mary Jane Gavenda

Η έκδοση αυτού του βιβλίου κατέστη δυνατή
εν μέρει χάρη στη γενναιοδωρία
των Dawn Smith-Popielski και Dominic Popielski.

ISBN 978-960-7067-09-8

© για την ελληνική γλώσσα
Αμερικανική Σχολή Κλασικών Σπουδών στην Αθήνα

Τυπώθηκε στην Ιταλία

Περιεχόμενα

ΠΡΟΛΟΓΟΣ

Ο τελευταίος οδηγός της Αρχαίας Κορίνθου εκδόθηκε πριν από 50 χρόνια. Παρόλο που η εικόνα του αρχαιολογικού χώρου παραμένει σχεδόν η ίδια, η διαφορετική προσέγγιση και ερμηνεία του –ιδιαίτερα από τον Charles K. Williams II, διευθυντή των ανασκαφών στο χώρο μεταξύ 1966 και 1997– οδήγησαν στην πλήρη διαφοροποίηση του παρόντος οδηγού από τους παλαιότερους, των Rhys Carpenter (1928, 1933), Charles Morgan (1936), Oscar Broneer (1947, 1951, με τελευταία αναθεώρηση από τον Robert Scranton το 1954) και Henry Robinson (1960). Ο παρών οδηγός βασίζεται σε κείμενα που συντάχθηκαν στο πλαίσιο προγράμματος συγχρηματοδοτούμενου από την Ευρωπαϊκή Ένωση και το Ελληνικό Δημόσιο για την ψηφιοποίηση του αρχείου των Ανασκαφών της Κορίνθου. Η διάρθρωση του οδηγού ακολουθεί μια νοητή διαδρομή μέσα στον αρχαιολογικό χώρο. Παρέχει πληροφορίες σε επισκέπτες που θέλουν να πραγματοποιήσουν μια σύντομη επίσκεψη, σε εκείνους που έχουν αρκετές ώρες στη διάθεσή τους, αλλά και σε όσους θέλουν να εξερευνήσουν ολόκληρη την Αρχαία Κόρινθο σε διάστημα αρκετών ημερών. Η έκδοση χωριστού οδηγού για το μουσείο σχεδιάζεται να πραγματοποιηθεί στο άμεσο μέλλον. (Το σύμβολο Ⓜ παραπέμπει σε αντικείμενα που εκτίθενται στο μουσείο.)

Μετά από εισαγωγικό κείμενο για την ιστορία της Κορίνθου και τις ανασκαφές της Αμερικανικής Σχολής Κλασικών Σπουδών (ΑΣΚΣΑ), ακολουθεί περιήγηση στα μνημεία που βρίσκονται μέσα στον περιφραγμένο αρχαιολογικό χώρο, ξεκινώντας από το μουσείο και συνεχίζοντας προς το Ναό του Απόλλωνα ❹, κατόπιν προς τη Νότια Στοά ⓲, τη Ρωμαϊκή Αγορά και την Οδό Λεχαίου ㊱. Στη συνέχεια περιγράφεται το Ωδείο ㊻, το Θέατρο ㊼, το Ασκληπιείο �57 και διάφορα άλλα μνημειακά σύνολα της Αρχαίας Κορίνθου που βρίσκονται μέσα και έξω από τα κλασικά τείχη, όπως το Ιερό της Δήμητρας και Κόρης ㊾ και η Βασιλική του Λεχαίου �68. Ο επισκέπτης μπορεί να εντοπίσει όλα τα μνημεία στους χάρτες που βρίσκονται στο οπισθόφυλλο του οδηγού. Τα μνημεία επισημαίνονται στο κείμενο με τον αντίστοιχο αριθμό.

Επιπλέον, παρέχονται στους επισκέπτες οδηγίες (που δηλώνονται με το σύμβολο ◳) για το πώς θα κατευθυνθούν από το ένα μνημείο της Ρωμαϊκής Αγοράς στο άλλο. Σε ό,τι αφορά τον αρχαιολογικό χώρο έξω από την Αγορά, οι κατευθυντήριες οδηγίες που δίνονται απευθύνονται κυρίως σε πεζούς. Η πεζοπορία στην Ελλάδα είναι απολαυστική και σίγουρα αποτελεί τον καλύτερο τρόπο κατανόησης του σύγχρονου και του αρχαίου τοπίου. Επίσης, έχει υπολογιστεί η συνολική απόσταση και η διάρκεια περιήγησης από την είσοδο του αρχαιολογικού χώρου –εκτός κι αν το σημείο εκκίνησης είναι η έξοδος από αυτόν, οπότε ο υπολογισμός της διαδρομής ξεκινά από εκεί. Η διάρκεια βασίζεται σε ταχύτητα περίπου 12 λεπτών/χλμ. (ή αλλιώς 5 χλμ./ώρα) και προσαρμόζεται ανάλογα με το αν η διαδρομή περιλαμβάνει ανάβαση/κατάβαση, ενώ, όπου είναι απαραίτητο, δίνονται στοιχεία που αφορούν τους οδηγούς οχημάτων. Προκειμένου να υπολογιστεί η διάρκεια της διαδρομής με όχημα μπορεί να διαιρεθεί ο χρόνος της πεζής περιήγησης διά 5. Οι οδηγοί πρέπει να γνωρίζουν ότι ορισμένες οδηγίες περιλαμβάνουν διάβαση διαμέσου της πλατείας του χωριού, όπου συνήθως απαγορεύονται τα αυτοκίνητα, και σε αυτές τις περιπτώσεις οι ίδιοι επιλέγουν εάν θα περάσουν από την πλατεία ή αν θα οδηγήσουν περιμετρικά αυτής.

Οι αναγνώστες μπορούν να χρησιμοποιούν ένα γλωσσάρι εξειδικευμένης ορολογίας που βρίσκεται στο τέλος του οδηγού, ενώ σύντομες βιβλιογραφικές αναφορές (🔲) παραπέμπουν σε πληρέστερες περιγραφές των μνημείων, των αντικειμένων, και των ιδεών και θεωριών γύρω από αυτά. Ο κατάλογος των δημοσιεύσεων στις τελευταίες σελίδες περιλαμβάνει τις κύριες εκδόσεις της Αμερικανικής Σχολής Κλασικών Σπουδών σχετικά με την Αρχαία Κόρινθο. Περισσότερες πληροφορίες για τον αρχαιολογικό χώρο είναι διαθέσιμες στην ιστοσελίδα: www.ascsa.edu .gr/index.php/excavationcorinth. Πλούσιο φωτογραφικό υλικό από τις ανασκαφές, τα ημερολόγια των ανασκαφών και σχέδια μπορεί κανείς να βρει στο ascsa.net.

Εκατοντάδες μελετητές, φοιτητές και εργάτες συνέβαλαν στο έργο της ΑΣΚΣΑ στην Αρχαία Κόρινθο από το 1896. Εκείνοι που συνεισέφεραν προσωπικά τα μέγιστα στον παρόντα οδηγό είναι η Λενιώ Μπαριζιώτη και η Ινώ Ιωαννίδου, πολλές φωτογραφίες των οποίων περιλαμβάνονται εδώ, και ο Charles K. Williams II, του οποίου τα αρχιτεκτονικά σχέδια χρησιμοποιήθηκαν σε μεγάλο βαθμό. Τέλος, ο James Herbst οργάνωσε το εποπτικό υλικό του οδηγού και δημιούργησε πολλές από τις σχεδιαστικές απεικονίσεις.

Guy D. R. Sanders
Διευθυντής Ανασκαφών Αρχαίας Κορίνθου (1997–2017)

ΙΣΤΟΡΙΚΟ ΚΑΙ ΧΡΟΝΟΛΟΓΙΚΟ ΠΛΑΙΣΙΟ

Προϊστορία και Πρωτοϊστορία (6500-700 π.Χ.)	
περ. 6500 π.Χ.	Αρχαιότερα νεολιθικά ευρήματα από την περιοχή της Κορίνθου
περ. 3250-1050 π.Χ.	Εποχή του χαλκού
περ. 1680-1050 π.Χ.	Υστεροελλαδική περίοδος. Ευγενείς της Κορίνθου θάβονται σε θολωτό τάφο.
περ. 1050-700 π.Χ.	Εποχή του σιδήρου
περ. 750-657 π.Χ.	Η δυναστεία των Βακχιαδών στην εξουσία. Οι Κορίνθιοι ιδρύουν αποικίες στην Κέρκυρα και στις Συρακούσες.
Αρχαϊκή Εποχή (700-480 π.Χ.)	
περ. 657-627 π.Χ.	Τυραννίδα του Κύψελου
περ. 627-587 π.Χ.	Τυραννίδα του Περίανδρου, γιου του Κύψελου. Ανάπτυξη στη βιοτεχνία και στο εμπόριο. Η Κορινθιακή κεραμική εξαπλώνεται σε ολόκληρη τη Μεσόγειο.
περ. 530 π.Χ.	Ανέγερση του Ναού του Απόλλωνα (όπως είναι ορατός σήμερα)
490-479 π.Χ.	Περσικοί πόλεμοι
Κλασική Εποχή (480-323 π.Χ.)	
431-404 π.Χ.	Πελοποννησιακός πόλεμος
395-387 π.Χ.	Κορινθιακός πόλεμος
338-243 π.Χ.	Κατάκτηση της πόλης από τους Μακεδόνες
Ελληνιστική Εποχή (323-146 π.Χ.)	
243 π.Χ.	Ο Άρατος, στρατηγός της Αχαϊκής Συμπολιτείας, καταλαμβάνει τον Ακροκόρινθο
146 π.Χ.	Καταστροφή της Κορίνθου από το Λεύκιο Μόμμιο
Μεταβατική Περίοδος (146-44 π.Χ.)	
Ρωμαϊκή Εποχή (44 π.Χ.-τέλη 3ου αιώνας μ.Χ.)	
44 π.Χ.	Η Κόρινθος επανιδρύεται από τον Ιούλιο Καίσαρα
50-52, 56, 57 μ.Χ.	Ο Απόστολος Παύλος επισκέπτεται την Κόρινθο
67 μ.Χ.	Ξεκινά η διάνοιξη της διώρυγας της Κορίνθου

2ος αιώνας μ.Χ.	Κατασκευή πολλών δημόσιων κτηρίων από ευεργέτες της πόλης, όπως ο Ηρώδης ο Αττικός
Ύστερη Αρχαιότητα (τέλη 3ου-6ος αιώνας μ.Χ.)	
Τέλη 4ου αιώνα μ.Χ.	Σεισμοί προκαλούν ζημιές στην Κόρινθο
395 μ.Χ.	«Πυρπόληση» της πόλης από τους Βησιγότθους του Αλάριχου
Αρχές 5ου ή μέσα 6ου αιώνα μ.Χ.	Κατασκευή του Εξαμίλιου Τείχους και νέων τειχών της πόλης
521/2 μ.Χ.	Μεγάλος σεισμός προκαλεί ζημιές στην Κόρινθο
542 μ.Χ.	Η πανώλη σκοτώνει το μισό πληθυσμό της πόλης
Βυζαντινή Εποχή (7ος αιώνας μ.Χ.- 1210 μ.Χ.)	
περ. 800-1210 μ.Χ.	Η Κόρινθος πρωτεύουσα της επαρχίας της Πελοποννήσου
Φραγκοκρατία (1210-1458 μ.Χ.)	
1210 μ.Χ.	Ο Γοδεφρείδος Βιλλεαρδουίνος καταλαμβάνει την πόλη
1358 μ.Χ.	Ο Ακροκόρινθος περνά στην κατοχή ενός πρίγκιπα της Φλωρεντίας
1395 μ.Χ.	Ο Ακροκόρινθος υπό βυζαντινή κυριαρχία
Α' Οθωμανική Περίοδος (1458-1687 μ.Χ.)	
1458 μ.Χ.	Ο Ακροκόρινθος καταλαμβάνεται από τους Οθωμανούς
Ενετοκρατία (1687-1715 μ.Χ.)	
Β' Οθωμανική Περίοδος (1715-1821 μ.Χ.)	
Ελληνική Επανάσταση και Ελληνικό Κράτος (1821-σήμερα)	
1858 μ.Χ.	Σεισμός προκαλεί ζημιές στο χωριό της Αρχαίας Κορίνθου
1896 μ.Χ	Ξεκινούν οι ανασκαφές της ΑΣΚΣΑ στην Κόρινθο
1928 και 1930 μ.Χ.	Σεισμοί προκαλούν ζημιές στην Αρχαία και τη σύγχρονη πόλη της Κορίνθου
1931 μ.Χ	Χτίζεται το Μουσείο της Κορίνθου με δαπάνη της ΑΣΚΣΑ και δωρίζεται στο Ελληνικό Κράτος

Εικόνα 1. Ξυλογραφία της Κορίνθου, του Ακροκορίνθου και του Ισθμού (1688)

ΕΙΣΑΓΩΓΗ

Από την πρώιμη αρχαιότητα έως και το μεσαίωνα, η Κόρινθος υπήρξε κόμβος τόσο διαμετακομιστικού όσο και τοπικού εμπορίου: από εδώ περνούσαν μεγάλος όγκος εμπορευμάτων που κατέληγαν σε άλλες πόλεις, ενώ ταυτόχρονα προϊόντα διανέμονταν σε τοπικό επίπεδο. Ο μεγάλος αυτός πλούτος της Κορίνθου δεν ήταν πάντα ορατός με τη μορφή επιβλητικών μνημείων, γιατί επενδυόταν σε εμπορικά εγχειρήματα. Ωστόσο τα μνημεία που οικοδομήθηκαν στην πόλη είχαν εντυπωσιακό μέγεθος: κατά την ύστερη αρχαϊκή περίοδο, ανεγέρθηκε ο Ναός του Απόλλωνα ❹, σύμβολο της πόλης, ο οποίος δεσπόζει σε ολόκληρο τον αρχαιολογικό χώρο. Την πρώιμη κλασική περίοδο, οι Κορίνθιοι κατασκεύασαν έναν ακόμη μεγαλύτερο δωρικό ναό (σήμερα σώζονται λιγοστοί λίθοι του στην περιοχή του Γυμνασίου ❺❻), ο οποίος πλησιάζει σε διαστάσεις το ναό του Δία στην Ολυμπία. Η Νότια Στοά ❿, όταν χτίστηκε κατά την πρώιμη ελληνιστική περίοδο, αποτελούσε το μεγαλύτερο δημόσιο κτήριο στον ελλαδικό χώρο. Η Κόρινθος της ρωμαϊκής εποχής διέθετε μια όμορφη κρήνη, την Πειρήνη ❸❼, τρεις βασιλικές και το Ναό Ε ❶ μέσα σε τεράστιο περίβολο με κιονοστοιχίες. Τέλος, η χριστιανική Βασιλική στο Λέχαιο ❻❽ είναι ένα από τα μεγαλύτερα κτήρια του είδους.

Το στοιχείο-κλειδί για την κατανόηση της Κορίνθου και του πλούτου της είναι η θέση της: βρίσκεται στον Ισθμό, μια στενή λωρίδα γης πλάτους 6 χλμ., η οποία ενώνει την Πελοπόννησο με τη Στερεά Ελλάδα. Όλες οι μετακινήσεις από τη Θήβα και την Αθήνα έως πέρα προς την Ολυμπία, τη Σπάρτη και το Άργος υποχρεωτικά περνούσαν από την πόλη και την επιβλητική ακρόπολή της, τον Ακροκόρινθο (Εικ. 1). Η Κόρινθος υπήρξε το κέντρο του οδικού δικτύου της νότιας Ελλάδας. Στην αρχαιότητα, ο περίπλους της Πελοποννήσου ήταν διαδικασία επικίνδυνη και χρονοβόρα. Οι Κορίνθιοι, αναγνωρίζοντας το πλεονέκτημα της μεταφοράς φορτίων μέσω του Ισθμού, έχτισαν κατά την αρχαϊκή εποχή (ή στις αρχές της κλασικής) έναν λιθόστρωτο δρόμο, το Δίολκο, από το λιμάνι του Σχοινούντα στο Σαρωνικό κόλπο έως την Ποσειδωνία, το λιμάνι στον Κορινθιακό (Εικ. 2). Μέσω αυτού του δρόμου μετακινούνταν κάρα αλλά και μικρά πλοία φορτωμένα με το φορτίο τους. Επίσης, και ανεξάρτητα από αυτή τη διαδικασία μεταφόρτωσης, στην Κόρινθο υπήρχαν δύο άλλα μεγάλα λιμάνια: του Λεχαίου, βόρεια της πόλης, και των Κεγχρεών, στην ανατολική ακτή. Τόσο συνδεδεμένα ήταν τα λιμάνια αυτά με την Κόρινθο ώστε τα νομίσματα που έκοψε ο αυτοκράτορας Σεπτίμιος Σεβήρος στην πόλη απεικόνιζαν τον Ακροκόρινθο και την Κρήνη της Πειρήνης ανάμεσα σε προσωποποιήσεις των δύο λιμανιών.

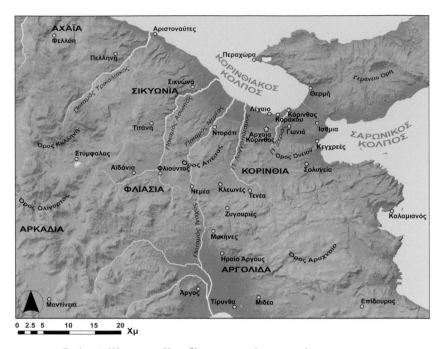

Εικόνα 2. *Χάρτης της Κορινθίας και των γύρω περιοχών*

Όπως ακριβώς η πλεονεκτική γεωγραφική θέση της Κορίνθου οδήγησε την πόλη σε ευημερία εν καιρώ ειρήνης, έτσι και εν καιρώ πολέμου η στρατηγική της θέση αποτέλεσε πηγή συμφορών γι' αυτήν. Το γεγονός αυτό αποδεικνύεται από τις πολλές προσπάθειες που έλαβαν χώρα από την αρχαιότητα έως τους νεότερους χρόνους για την κατασκευή οχυρωματικών τειχών προκειμένου να φράξουν τις οδικές αρτηρίες της, κυρίως με το τείχος μήκους 8 χλμ. που κατασκευάστηκε στην ύστερη αρχαιότητα και εκτείνεται από τη σύγχρονη πόλη της Κορίνθου έως πέρα από τα Ίσθμια. Το τείχος αυτό, το οποίο πιθανόν χτίστηκε από τον Ιουστινιανό (527–565 μ.Χ.) ως οχυρωματικό έργο προστασίας της Πελοποννήσου, μπορεί να θεωρηθεί από πολλές απόψεις ένα είδος τρόπαιου: η εσωτερική και η εξωτερική του όψη περιέχουν δόμους από ναούς και δημόσια κτήρια της πόλης, από το ιερό του Ποσειδώνα στα Ίσθμια και από το ιερό της Ήρας στην Περαχώρα. Αντίστοιχα, το ασβεστοκονίαμα στον πυρήνα του προήλθε από την κονιορτοποίηση μαρμάρινων γλυπτών, αρχιτεκτονικών μελών και επιγραφών από τις ίδιες θέσεις. Πρόκειται δηλαδή για ένα *damnatio memoriae*, μια καταδίκη μνήμης του αρχαίου κόσμου στον οποίο λατρεύονταν οι Έλληνες θεοί και ο οποίος αντικαταστάθηκε από ένα χριστιανικό κόσμο με κέντρο την Κωνσταντινούπολη.

Κατά τους πολέμους για τη διαδοχή του Μεγάλου Αλεξάνδρου, ο Ισθμός έγινε πεδίο αλλεπάλληλων πολεμικών συγκρούσεων. Το 146 π.Χ., ο Ρωμαίος στρατηγός Λεύκιος Μόμμιος νίκησε το στρατό της Αχαϊκής Συμπολιτείας στον Ισθμό και προκάλεσε μεγάλες καταστροφές στην πόλη της Κορίνθου μετατρέποντάς την σε μικρό χωριό. Στην κατάσταση αυτή παρέμεινε μέχρι το 44 π.Χ. όταν ο Ιούλιος Καίσαρας την επανίδρυσε ως ρωμαϊκή αποικία. Η Κόρινθος διαδραμάτισε σημαίνοντα ρόλο κατά τη βυζαντινή εποχή, τη Φραγκοκρατία, την Ενετοκρατία και την οθωμανική περίοδο, καθώς και στην επανάσταση του 1821. Μάλιστα, είχε εξεταστεί σοβαρά το ενδεχόμενο να ανακηρυχθεί πρωτεύουσα του ανεξάρτητου Ελληνικού Κράτους.

Η Κόρινθος ήταν μια μεγάλη πόλη, την οποία κατά την κλασική εποχή περιέκλειαν οχυρωματικά τείχη μήκους περίπου 10 χλμ. Αρχαιολογικές ανασκαφές έχουν πραγματοποιηθεί κυρίως μέσα και γύρω από τη Ρωμαϊκή Αγορά, αλλά και μέχρι τον Ακροκόρινθο ⑤⓪ στα νότια, το Λέχαιο ⑥⑧ στη βόρεια ακτή, κοντά στην Πύλη των Κεγχρεών –και στη Βασιλική του Κρανείου ⑥③ στα ανατολικά, και έως τον Κεραμεικό ⑤② στα δυτικά. Τα ευρήματα που προήλθαν από την ανασκαφική έρευνα της πόλης, ένα μικρό μόνο μέρος των οποίων μπορεί κανείς να θαυμάσει στην έκθεση του μουσείου, καλύπτουν όλες τις περιόδους από τη νεολιθική έως τη σύγχρονη εποχή. Τα βιβλία και τα άρθρα που έχουν γραφτεί για την Κόρινθο χρησιμοποιούνται τόσο από μελετητές που εργάζονται στην Ιταλία, όσο και από εκείνους που εργάζονται στην Τουρκία. Θα μπορούσε κανείς να επιχειρηματολογήσει ότι το ανασκαφικό υλικό και οι σχετικές δημοσιεύσεις έχουν καταστήσει την Κόρινθο τη σημαντικότερη θέση βυζαντινής αρχαιολογίας. Με τον ίδιο τρόπο η αριστοτεχνία της κορινθιακής αρχιτεκτονικής σε πρώιμη περίοδο, τουλάχιστον από το 900 π.Χ., και τα προϊόντα των Κορίνθιων κεραμέων της αρχαϊκής εποχής, τα οποία εξαπλώθηκαν στα παράλια της Μεσογείου, ανάγουν την Κόρινθο σε μια από τις σημαντικότερες γεωμετρικές και αρχαϊκές θέσεις της Ελλάδας. Τέλος, πρέπει να επισημανθεί η μεγάλη σημασία της περιοχής για τους μελετητές του Αποστόλου Παύλου, καθώς και για χριστιανούς προσκυνητές.

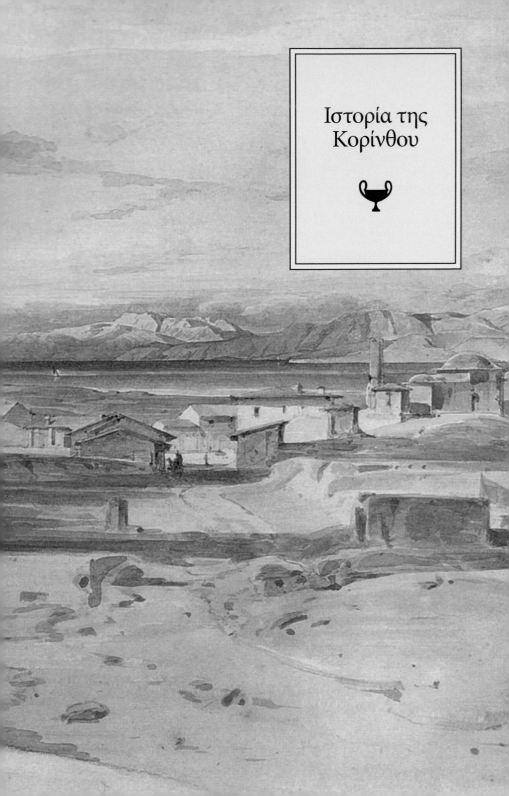

Ιστορία της
Κορίνθου

Οι ανασκαφές που έχουν πραγματοποιηθεί έως σήμερα στην Αρχαία Κόρινθο επικεντρώνονται στη Ρωμαϊκή Αγορά και στον περιβάλλοντα χώρο της. Η πόλη της αρχαίας Κορίνθου εκτείνεται σε δύο γεωλογικά άνδηρα. Η Ρωμαϊκή Αγορά κατέχει το σημείο μέσω του οποίου γινόταν η διέλευση από το ένα άνδηρο στο άλλο. (βλ. σελ. 48). Η μετάβαση είναι αρκετά επικλινής με υψομετρική διαφορά 15 μ. ανάμεσα στα δύο άνδηρα και με κλίση πλαγιάς 10–20 βαθμούς. Η φυσική αποστράγγιση των υδάτων στην περιοχή δημιούργησε μια κοιλάδα που καθιστά σχετικά εύκολη τη μετακίνηση πεζών και οχημάτων ανάμεσα στα άνδηρα. Η Ρωμαϊκή Αγορά καταλαμβάνει το άνω τμήμα της κοιλάδας ενώ η Οδός Λεχαίου εκτείνεται στο κάτω τμήμα της.

ΠΡΟΪΣΤΟΡΙΚΗ ΕΩΣ ΓΕΩΜΕΤΡΙΚΗ ΕΠΟΧΗ
(6500–700 π.Χ., Κάτοψη 1)

Πολυάριθμα στοιχεία που προέρχονται από πηγάδια, οικιστικές αποθέσεις και ορισμένα κτηριακά κατάλοιπα, μαρτυρούν την ύπαρξη προϊστορικού οικισμού που χρονολογείται από τη νεολιθική εποχή έως την υπομυκηναϊκή περίοδο (6500–1050/1025 π.Χ.) (βλ. σελ. 176–178). Η πρώιμη γεωμετρική περίοδος αντιπροσωπεύεται από οικιακά κατάλοιπα που αποκαλύφθηκαν στο χαμηλότερο επίπεδο της κοιλάδας, από τάφους και από ένα πηγάδι. Μελετητές πιστεύουν ότι τον 8ο αιώνα π.Χ., οι διάσπαρτοι μικροί οικισμοί της Κορίνθου ενοποιήθηκαν σε μια μεγαλύτερη πόλη μέσα από μια διαδικασία συνοικισμού. Την ίδια περίοδο οι κάτοικοι της Κορίνθου ίδρυσαν εμπορικές αποικίες στην Κέρκυρα και τις Συρακούσες. Στο β΄ μισό του 8ου αιώνα π.Χ. έλαβαν χώρα διάφορες αλλαγές όπως υποδηλώνουν τα αρχιτεκτονικά κατάλοιπα στα νότια της Ιερής Κρήνης ❸❸, η μετατροπή της Πειρήνης από φυσική πηγή σε κρήνη ❸❼, καθώς και η κατασκευή αποχετευτικού αγωγού και η έλλειψη ταφών στο χώρο στον οποίο αργότερα κτίσθηκε η Ρωμαϊκή Αγορά.

ΑΡΧΑΪΚΗ ΕΠΟΧΗ
(700–480 π.Χ., Κατόψεις 2,3)

Τον 7ο αιώνα π.Χ. θεμελιώθηκε ο πρώτος ναός ❹ στο Λόφο του Ναού, το ύψωμα που βρίσκεται βόρεια της Ρωμαϊκής Αγοράς, ενώ την ίδια περίοδο περίπου διανοίχτηκε δρόμος ❼ στα βόρειά του. Στην Ιερή Κρήνη ❸❸ προστέθηκαν διάφορες αρχιτεκτονικές κατασκευές και ίσως τότε άρχισαν να πραγματοποιούνται στο χώρο λατρευτικές τελετές. Στα μέσα του 7ου αιώνα π.Χ., μικρά κτήρια –οικίες ή εργαστήρια (το ένα με πηγάδι)– χτίστηκαν στα νότια της πηγής.

Στο τμήμα της κοιλάδας που διατρέχει η Οδός Λεχαίου χτίστηκε τον 6ο αιώνα π.Χ. η Κυκλώπεια Κρήνη ❸❽ ενώ κτήρια κατασκευάστηκαν με την πρόσοψή τους στο δρόμο προς τον Ακροκόρινθο. Ο ναός της πρώιμης αρχαϊκής περιόδου που υπήρχε στο Λόφο του Ναού του Απόλλωνα, καταστράφηκε γύρω στο 580 π.Χ., και αντικαταστάθηκε περίπου 50 χρόνια αργότερα από το ναό ❹ που είναι σήμερα ορατός στον αρχαιολογικό χώρο. Η κύρια πρόσβαση προς το ναό γινόταν από τα βορειοανατολικά, αλλά η πρόσβαση ενισχύθηκε περαιτέρω στα νοτιοανατολικά με μια μνημειώδη αναβάθρα που είχε ως αφετηρία το δρόμο που περνούσε από την Ιερή Κρήνη ❸❸. Στα ανατολικά του ναού, στη βάση της πλαγιάς που τον χωρίζει από την κοιλάδα, χτίστηκε μια μικρή στοά, γνωστή ως Βόρειο Κτήριο ❹❹. Πρωτογεωμετρικοί τάφοι περικλείστηκαν από μικρό τοίχο σχηματίζοντας έτσι ένα τέμενος, το επονομαζόμενο Ηρώο του Σταυροδρομίου ❷❻, ενώ ένας μικρός υπόγειος λατρευτικός χώρος δημιουργήθηκε δίπλα σε νέο δρόμο προς τον Ακροκόρινθο ❸❶. Έξω από το χώρο της Ρωμαϊκής Αγοράς, τα αρχαιότερα κατάλοιπα των σημαντικών ιερών του Ασκληπιού ❺❼ και της Δήμητρας και Κόρης ❹❾ χρονολογούνται στον 6ο αιώνα π.Χ.

ΚΛΑΣΙΚΗ ΚΑΙ ΕΛΛΗΝΙΣΤΙΚΗ ΕΠΟΧΗ
(480–146 π.Χ., Κατόψεις 3–5)

Από τον 5ο αιώνα π.Χ. έως τα μέσα του 4ου αιώνα π.Χ. η αρχαία Κόρινθος γνώρισε ταχεία, οργανωμένη ανάπτυξη σε επίπεδο χωροταξίας που έδινε την εντύπωση επιμελημένου αστικού τοπίου. Στην Κρήνη της Πειρήνης ❸❼ προστέθηκαν δεξαμενές άντλησης και στα βόρειά της ανεγέρθηκε ο Ναός Α ❹❶, ενώ στην Ιερή Κρήνη ❸❸ κατασκευάστηκε τοίχος με τρίγλυφα και μετόπες που συνδεόταν μέσω σήραγγας με ένα ιδιόμορφο αψιδωτό κτίσμα. Το Στάδιο ❷❸ ακολούθησε ως επί το πλείστον την πορεία δρόμου που οδηγούσε νοτιοδυτικά της Πειρήνης ❸❼ και τα κτήρια που πλαισίωναν το δρόμο αντικαταστάθηκαν από μεγαλύτερα κτηριακά συγκροτήματα. Στα νοτιοδυτικά χτίστηκε το Κτήριο των Καρχηδονιακών Αμφορέων ❶❽, κατοικία εμπόρου που εισήγαγε φιλέτα ψαριών. Αργότερα στην κλασική εποχή ανεγέρθηκε το Θέατρο ❹❼ και τα Κτήρια Ι–ΙV ❸❶.

Η ακριβής θέση της Αρχαίας Αγοράς της Κορίνθου παραμένει άγνωστη. Ίσως βρισκόταν βορειοανατολικά του Λόφου του Ναού του Απόλλωνα, περίπου εκεί όπου είναι σήμερα η πλατεία του χωριού. Ορισμένοι πιστεύουν ότι καταλάμβανε το χώρο όπου έπειτα χτίστηκε η Ρωμαϊκή Αγορά, ωστόσο, στην αρχαιότητα η κοιλάδα είχε απόκρημνες, συνεχόμενες πλαγιές που εκτείνονταν από την Ιερή Κρήνη προς τα νότια. Μεγάλης κλίμακας ανωλημματικά έργα και έργα διαμόρφωσης απαιτήθηκαν για να εξομαλυνθεί το τοπίο και να χτιστεί εκεί το στάδιο. Η περιοχή ήταν αφιερωμένη σε αυστηρά τοπικές λατρείες και εκεί φαίνεται να λάμβανε χώρα η αγωγή (επίσημη εκπαίδευση) των νέων της Κορίνθου.

Στα τέλη του 4ου αιώνα π.Χ., ολόκληρη η περιοχή επανασχεδιά-
στηκε, πιθανότατα υπό τις οδηγίες του Μακεδόνα βασιλιά, Δημήτριου
του Πολιορκητή. Η ανέγερση μιας τεράστιας στοάς, της Νότιας Στοάς ⑲,
είχε ως αποτέλεσμα την κατεδάφιση και κατάχωση των Κτηρίων I–IV ㉛,
την επικάλυψη του Ιερού Στήλης ⑱ και τη μετατόπιση του σταδίου ㉓,
το οποίο πλέον περνούσε πάνω από το νότιο άκρο του συγκροτήματος
της Ιερής Κρήνης ㉝. Η Βορειοδυτική Στοά ⑬ χτίστηκε με πρόσοψη
στο δρόμο που περνούσε από το αψιδωτό κτήριο της Ιερής Κρήνης,
αποκλείοντας την αναβάθρα πρόσβασης από το δρόμο προς το Ναό
του Απόλλωνα ❹. Μια νέα στοά κατέλαβε την ανατολική πλευρά της
Κρήνης της Πειρήνης ㊲ διαμορφώνοντας έτσι μια πιο οργανωμένη αυλή.
Τέλος, ο Ναός Α κατεδαφίστηκε και αντικαταστάθηκε από έναν *aedicula*
(ναΐσκο) ㊶.

ΡΩΜΑΪΚΗ ΕΠΟΧΗ ΚΑΙ ΥΣΤΕΡΗ ΑΡΧΑΙΟΤΗΤΑ
(44 π.Χ.–6ος αιώνας μ.Χ., Κάτοψη 6)

Το 146 π.Χ., μετά τη νίκη των Ρωμαίων επί της Αχαϊκής Συμπολιτείας με
επί κεφαλής τους Κορίνθιους στη Λευκόπετρα του Ισθμού, ο Ρωμαίος
στρατηγός Λεύκιος Μόμμιος κατέστρεψε την πόλη της Κορίνθου. Από
τους κατοίκους που δεν κατάφεραν να διαφύγουν, τα γυναικόπαιδα που-
λήθηκαν ως σκλάβοι και οι άντρες θανατώθηκαν. Η Κόρινθος συνέχισε να
κατοικείται, αλλά είχε ήδη χάσει την πολιτική της οντότητα. Η Κόρινθος
επανιδρύθηκε ως ρωμαϊκή αποικία το 44 π.Χ. από τον Ιούλιο Καίσαρα.

Κατά την πρώιμη ρωμαϊκή εποχή, η Ρωμαϊκή Αγορά καταλάμβανε
τεράστιο ανοικτό χώρο μήκους περίπου 200 μ. (ανατολικά–δυτικά) και
πλάτους 100 μ. (βόρεια–νότια) ακολουθώντας τον προσανατολισμό της
Νότιας Στοάς ⑲, η οποία εξακολουθούσε να χρησιμοποιείται και αποτε-
λούσε το νότιο άκρο της. Ο αρχαϊκός Ναός του Απόλλωνα ❹ στο Λόφο
του Ναού κυριαρχούσε στον ορίζοντα προς το βορρά, ενώ στα ανατολικά
και στα δυτικά η Αγορά οριζόταν, αντίστοιχα, από την Ιουλία Βασιλική ㉔
και το Ναό Ε ❶.

Εκατό χρόνια αργότερα, η μορφή της Ρωμαϊκής Αγοράς παρέ-
μεινε σχεδόν ίδια, αλλά με προσθήκες, όπως οι ναοί στο δυτικό άκρο
της ⑮, καταστήματα ανατολικά και δυτικά του Βήματος του Αποστόλου
Παύλου ㉘ και μια καινούργια βασιλική στα νότια της Νότιας Στοάς ⑳.

Κατά την ύστερη ρωμαϊκή εποχή, η εικόνα της Κορίνθου άλλαξε
ριζικά. Οι σεισμοί που την έπληξαν στα τέλη του 4ου αιώνα μ.Χ. και οι
επιδρομές των Γότθων συρρίκνωσαν την πόλη. Τα ιερά του Ασκληπιού ㊲
και της Δήμητρας και Κόρης ㊹, για τα οποία είχαν ήδη εκδοθεί νόμοι
που απαγόρευαν τη λειτουργία τους, δεν κατάφεραν να επιβιώσουν.

Καταβλήθηκαν προσπάθειες για την αποκατάσταση του χώρου της Αγοράς, κυρίως με την επαναλειτουργία της Πειρήνης ③⑦ και των Δυτικών Καταστημάτων ⑰, καθώς και με τη μετατροπή των Κεντρικών Καταστημάτων ㉘ σε μια πολύ πλατιά κλίμακα. Στα μέσα του 6ου αιώνα μ.Χ., η βουβωνική πανώλη σχεδόν αποδεκάτισε τον πληθυσμό της πόλης, η οποία στη συνέχεια αντιμετώπισε και σοβαρή οικονομική κρίση που σύμφωνα με τα αρχαιολογικά ευρήματα διήρκεσε 500 χρόνια. Ο πληθυσμός της μετεγκαταστάθηκε σε πολύ μικρότερη πόλη με καινούργια τείχη, ανατολικά της Ρωμαϊκής Αγοράς (Χάρτης 2).

ΜΕΣΑΙΩΝΙΚΟΙ-ΝΕΟΤΕΡΟΙ ΧΡΟΝΟΙ
(7ος αιώνας μ.Χ.-σήμερα, Κάτοψη 7)

Στη μέση βυζαντινή περίοδο, η οικονομία της Κορίνθου γνώρισε άνθιση και ο πληθυσμός της αυξήθηκε. Η πόλη απέκτησε δύο εμπορικές αγορές: στη Φράγκικη Συνοικία ② και στο κέντρο της Ρωμαϊκής Αγοράς, με στενούς δρόμους, σοκάκια, καταστήματα, εργαστήρια (ένα υαλουργείο), την Εκκλησία του Αγ. Ιωάννη ⑯ και την εκκλησία του Βήματος ㉗, η οποία ήταν ίσως μοναστηριακή. Ανασκαφές στα νότια της Νότιας Στοάς ⑲ αποκάλυψαν οικία με αυλή, που ίσως κάποτε χρησιμοποιήθηκε ως εστιατόριο και κατάστημα. Βρέθηκαν πολλά αχρησιμοποίητα εγχώρια μαγειρικά σκεύη και εισηγμένες κανάτες.

Αν και οι Φράγκοι την κατέλαβαν μετά την άλωση της Κωνσταντινούπολης (1204 μ.Χ.), η πόλη παρέμεινε ζωντανό εμπορικό κέντρο τον 13ο αιώνα μ.Χ. Στις αρχές του 14ου αιώνα παρήκμασε και ο πληθυσμός της αποδεκατίστηκε. Περιγραφές και απεικονίσεις οθωμανικών χρόνων την παρουσιάζουν ως μικρή πόλη με χαμηλά σπίτια με αυλές (Εικ. 3, 4). Καταστράφηκε κατά την ελληνική επανάσταση (1821–1832), ενώ μετά τον σεισμό του 1858 μεγάλο τμήμα του πληθυσμού εγκαταστάθηκε στη Νέα Κόρινθο.

Μετά το σεισμό μετοίκησαν εδώ κάτοικοι χωριών όπως οι Λίμνες, το Αγιονόρι, το Αγγελόκαστρο και το Σοφικό, από τα βουνά ανατολικά των Μυκηνών. Η Αρχαία Κόρινθος σήμερα είναι λίγο μεγαλύτερη από εκείνη της οθωμανικής κυριαρχίας, με συνοικίες που διατηρούν τοπωνύμια όπως Κιουτσούκ μαχαλά, Του μπέη και Χατζή Μουσταφά.

Εικόνα 3. Χάνι στην αρχαία Κόρινθο (1811)

Εικόνα 4. Άποψη της αρχαίας Κορίνθου μεταξύ 1817 και 1821, με τον Ακροκόρινθο στο βάθος, ένα οθωμανικό τζαμί στο μέσο (όπου σήμερα είναι χτισμένη η Εκκλησία της Παναγίας) και μια μικρή πλατεία με δημόσια κρήνη σε πρώτο πλάνο

Ιστορία των
Ανασκαφών

Η Αμερικανική Σχολή Κλασικών Σπουδών στην Αθήνα (ΑΣΚΣΑ) διενεργεί ανασκαφές στην Αρχαία Κόρινθο από το 1896 ως σήμερα (Εικ. 5). Οι πρώτοι ανασκαφείς επέδειξαν ιδιαίτερο ενδιαφέρον για την αρχαία τοπογραφία και εργάστηκαν με εντατικούς ρυθμούς για να αποκαλύψουν όσο το δυνατόν μεγαλύτερο τμήμα του κέντρου της πόλης. Από το 1925 έως το 1940 πραγματοποιήθηκε συνεχής και πιο συστηματικός καθαρισμός του Θεάτρου ❹❼ και της Ρωμαϊκής Αγοράς, με το ενδιαφέρον να μετατοπίζεται από την τοπογραφία στην ταξινόμηση και τη χρονολόγηση των ευρημάτων. Ωστόσο, αποτελούσε ακόμη κοινή πρακτική η απασχόληση μεγάλων ομάδων ανειδίκευτων εργατών στις ανασκαφές, με περιορισμένη επίβλεψη (Εικ. 6), οι οποίοι έσκαβαν από το επίπεδο του σύγχρονού τους εδάφους έως το επίπεδο της Ρωμαϊκής Αγοράς σε βάθος 3–4 μ. ανά ανασκαφική περίοδο (Εικ. 7). Παρόλο που η καταγραφή των στοιχείων που έφερναν στο φως ήταν μακράν πληρέστερη από ό,τι στο παρελθόν, δεν ήταν εκείνη η οποία απαιτείται σήμερα. Όμως, οι ανασκαφείς μάς έχουν αφήσει σημαντική γραπτή παρακαταθήκη τα βιβλία (η σειρά *Corinth* που εκδίδεται από την ΑΣΚΣΑ) και άρθρα στην *Hesperia*, το επιστημονικό περιοδικό της ΑΣΚΣΑ, σχετικά με την ιστορία της πόλης, τα κτήριά της, επιγραφές, γλυπτά, κεραμική και μικροαντικείμενα. Οι δημοσιεύσεις που μας κληροδότησε αυτή η γενιά αρχαιολόγων έχουν διαμορφώσει τις σημερινές επιστημονικές και λαϊκές αντιλήψεις για την Κόρινθο και έχουν θέσει σε μεγάλο βαθμό τις αρχές στις οποίες βασίζονται οι αρχαιολόγοι της ανατολικής Μεσογείου μέχρι σήμερα.

Εικόνα 5. Ο Ναός του Απόλλωνα πριν την ανασκαφή, από τα νότια (1902)

Εικόνα 6. Εργάτες και αρχαιολόγοι στην ανασκαφή (1896)

Με την ανάληψη της διεύθυνσης των ανασκαφών από τον Charles K. Williams ΙΙ στα μέσα της δεκαετίας του 1960, η προσέγγιση της αρχαίας Κορίνθου από τους αρχαιολόγους εξελίχθηκε σε τέτοιο βαθμό ιδεολογικά και μεθοδολογικά που θα έλεγε κανείς ότι συντελέστηκε επιστημονική επανάσταση. Κατά την περίοδο αυτής της διανοητικής μεταμόρφωσης, η μελέτη εστίασε στις «ανθρώπινες» παρά στις «μνημειακές» πτυχές του αρχαίου κόσμου. Ο όγκος των εργασιών που πραγματοποιήθηκαν τα τελευταία 35 χρόνια δεν έχει αλλάξει ριζικά την κάτοψη του χώρου στο σύνολό του, αλλά έχει μεταλλάξει τον τρόπο με τον οποίο αντιλαμβανόμαστε το ιστορικό και αστικό τοπίο της περιοχής. Η παλαιότερη ανασκαφική μεθοδολογία έχει αντικατασταθεί από συστηματικές ανασκαφές που πραγματοποιούνται από μικρές ομάδες εκπαιδευμένων εργατών υπό την επίβλεψη αρχαιολόγου που καταγράφει τις παρατηρήσεις του τόσο με τον παραδοσιακό τρόπο όσο και

Εικόνα 7. Ο όγκος των επιχώσεων που αφαιρέθηκε από τη Ρωμαϊκή Αγορά κατά τη διάρκεια των πρώτων ανασκαφών της Κορίνθου, μεταφέρθηκε στα βόρεια του αρχαιολογικού χώρου όπου δημιουργήθηκε μεγάλος λόφος ανασκαφικών απορριμμάτων.

ηλεκτρονικά σε βάση δεδομένων. Σήμερα ο χώρος ανασκάπτεται με βάση το δυτικοευρωπαϊκό σύστημα της πρακτικής της άμεσα συνεχόμενης επέκτασης των τομών, ώστε οι αποθέσεις να ανασκάπτονται στο σύνολό τους η καθεμία και να καταγράφονται στο ίδιο ανασκαφικό σύνολο. Επιπλέον, ο Charles K. Williams II εισήγαγε νέες μεθόδους καταγραφής των κινητών ευρημάτων, οι οποίες παρείχαν το πλαίσιο για τη νέα πολυεπίπεδη βάση δεδομένων που χρησιμοποιούμε στην Κόρινθο σήμερα.

Η μελέτη της Κορινθιακής τοπογραφίας περιλαμβάνει την Κορινθία στο σύνολό της. Σε συνέχεια της τοπογραφικής επισκόπησης της περιοχής που εκδόθηκε το 1932 (*Corinth I*) ο James Wiseman (*The Land of the Ancient Corinthians,* 1978) εντόπισε πολλές νέες αρχαιολογικές θέσεις, μέσω της εκτεταμένης επιφανειακής έρευνας που πραγματοποίησε στην περιοχή. Έπειτα, άλλοι μελετητές συνέχισαν το έργο του προσθέτοντας νέες θέσεις στην εν λόγω έρευνα. Τρεις πρόσφατες διδακτορικές διατριβές έχουν μελετήσει τα σύνορα της Κορίνθου με την Επίδαυρο, τη Σικυώνα και το Άργος. Το Αρχαιολογικό Πρόγραμμα της Κοιλάδας της Νεμέας (NVAP) και η Αρχαιολογική Επιφανειακή Έρευνα της Ανατολικής Κορινθίας (EKAS) αποτελούν εντατικές επιφανειακές έρευνες διαφορετικών τμημάτων του Κορινθιακού τοπίου και έχουν προσδώσει νέες διαστάσεις στην κατανόηση της ιστορικής γεωγραφίας της περιοχής.

Η Mary Walbank ήταν η πρώτη που αναφέρθηκε στη χωροταξική διάταξη της Κορινθίας κατά τη ρωμαϊκή εποχή. Στη συνέχεια, οι David Romano και Πάνος Δουκέλλης ανεξάρτητα ο ένας από τον άλλο κατέληξαν σε διαφορετικούς τρόπους χωροταξικού σχεδιασμού και διαίρεσης, καταμέτρησης περιοχών και μηκών με βάση σχηματισμούς της βλάστησης σε χωράφια ή όρια χωραφιών και δρόμους. Τα τελευταία χρόνια, η ηλεκτρική διασκόπηση (μέθοδος που προηγείται της ανασκαφής και καθορίζει το μέγεθος και το σχήμα ενός χώρου αρχαιολογικής έρευνας) έχει επίσης προσφέρει πολλά στοιχεία τοπογραφικού ενδιαφέροντος στα όσα αποκαλύπτουν οι ανασκαφές.

Επιπλέον, η Αμερικανική Σχολή Κλασικών Σπουδών διενεργεί ανασκαφές στην ευρύτερη περιοχή της Κορίνθου, έξω από τα όρια της πόλης: η Elizabeth Gebhard και οι συνάδελφοί της συνεχίζουν το πρόγραμμα ανασκαφών και δημοσιεύσεων που ξεκίνησε ο Oscar Broneer στο σημαντικό Κορινθιακό ιερό των Ισθμίων, αφιερωμένο στο θεό Ποσειδώνα και στον ήρωα Παλαίμονα. Ο Timothy Gregory και οι συνεργάτες του συνεχίζουν το έργο του Paul Clement στο υστερορωμαϊκό φρούριο και τα ρωμαϊκά λουτρά, επίσης στα Ίσθμια. Ο Robert Scranton πραγματοποίησε τόσο υποβρύχιες έρευνες όσο και ανασκαφές στις Κεγχρεές. Την έρευνα στην περιοχή σήμερα συνεχίζει ο Joseph Rife. Πέρα από τις έρευνες της Αμερικανικής Σχολής, η Βρετανική Αρχαιολογική Σχολή ανέσκαψε και δημοσίευσε υπό τη διεύθυνση του Humfry Payne και αργότερα του Richard Tomlinson το ιερό της Ήρας στην Περαχώρα.

Κατά την προετοιμασία έκδοσης του παρόντος οδηγού, η αρχαιολογική δραστηριότητα στην Αρχαία Κόρινθο βρίσκεται σε πλήρη άνθιση. Η κατασκευή του νέου σιδηροδρομικού άξονα και η διεύρυνση του τμήματος του Αυτοκινητοδρόμου Κορίνθου–Πατρών οδήγησαν στην αποκάλυψη εκτεταμένου νεκροταφείου που χρονολογείται από τη μέση εποχή του χαλκού έως την πρωτοβυζαντινή περίοδο. Έχουν επίσης αποκαλυφθεί τμήματα του αρχαϊκού τείχους της πόλης, καθώς και μεγάλο μέρος της μυκηναϊκής Κορίνθου. Οι εργασίες συντήρησης που πραγματοποιούνται στις χριστιανικές βασιλικές στο Λέχαιο και στο Κράνειο προετοιμάζουν τα εν λόγω μνημεία για τους επισκέπτες. Στον κεντρικό περιφραγμένο αρχαιολογικό χώρο οι ανασκαφές συνεχίζονται σε πρωτοβυζαντινά και μεσαιωνικά στρώματα νότια της Νότιας Στοάς. Τέλος, συντηρητές εργάζονται στη Φράγκικη Συνοικία –νότια του μουσείου– η οποία σύντομα θα ανοίξει για το κοινό, ενώ μελέτες για τη συντήρηση της Νότιας Στοάς και της Κρήνης της Πειρήνης έχουν ολοκληρωθεί. Δύο νέες αίθουσες, η ανατολική και η νότια, που εγκαινιάστηκαν στο μουσείο το 2016, προσφέρουν στον επισκέπτη την εμπειρία του πλούτου της πόλης και της περιοχής γύρω από αυτήν κατά την εποχή της ακμής της, από τις αποικίες έως πριν τη ρωμαϊκή κατάκτηση.

Περιήγηση στη
Ρωμαϊκή Αγορά

Η περιήγηση στη Ρωμαϊκή Αγορά περιλαμβάνει τα μνημεία του αρχαιολογικού χώρου που βρίσκονται μέσα στην περιφραγμένη περιοχή (βλ. Χάρτη 1 στο οπισθόφυλλο). Ξεκινά από το Ναό Ε, το μεγάλο ναό που βρίσκεται ακριβώς έξω και πολύ κοντά στο μουσείο ❶ και συνεχίζει στα μεσαιωνικά κτίσματα προς τα νότια ❷. Από εκεί ο επισκέπτης οδηγείται πίσω, στην είσοδο του αρχαιολογικού χώρου, περνά την Κρήνη της Γλαύκης ❸ και το Ναό του Απόλλωνα ❹ και στη συνέχεια, ακολουθώντας κατεύθυνση αντίθετα από τους δείκτες του ρολογιού περνά από τα Δυτικά Καταστήματα ❼, τη Νότια Στοά ❾, την Ιερή Κρήνη ㉝, την Κρήνη της Πειρήνης ㊲ και την Οδό Λεχαίου ㊱. Έξω από την περίφραξη μπορεί να δει το Ωδείο ㊻ και το Θέατρο ㊼.

Μετά την περιήγηση στο εσωτερικό της περιφραγμένης περιοχής, όσοι επιθυμούν μπορούν να συνεχίσουν σε μνημεία έξω από τη Ρωμαϊκή Αγορά (βλ. Χάρτη 2 στο οπισθόφυλλο), όπως το Ασκληπιείο ㊾ και η Βασιλική του Κρανείου ㊿. Τέλος, η εντυπωσιακών διαστάσεων Βασιλική του Λεχαίου ㊿ –μια από τις μεγαλύτερες εκκλησίες του υστερορωμαϊκού κόσμου– και ο προϊστορικός οικισμός Κοράκου ㊿ είναι προσβάσιμα με αυτοκίνητο ή λεωφορείο (αναχωρεί από τη στάση που βρίσκεται 100 μ. δυτικά της εισόδου του αρχαιολογικού χώρου).

❶ ΝΑΟΣ Ε
⚲ Δυτικά από τη νότια έξοδο του μουσείου.

Ο Ναός Ε υψώνεται 9 μ. πάνω από τη Ρωμαϊκή Αγορά και ήταν τόσο επιβλητική η θέση του στη ρωμαϊκή πόλη όσο η θέση του Ναού του Απόλλωνα ❹. Σήμερα, το μουσείο παρεμβάλλεται μεταξύ του Ναού Ε και της Ρωμαϊκής Αγοράς και εμποδίζει τη θέασή του από το κέντρο της πόλης, ενώ διακόπτει και τη σύνδεση μεταξύ του Ναού Ε και των Δυτικών Καταστημάτων ❼.

Στην πρώτη οικοδομική φάση του, ο ναός είχε λίθινη θεμελίωση, πιθανότατα με τριπλό κρηπίδωμα διαστάσεων 44 × 23,5 μ., πάνω στο οποίο κατασκευάστηκε δωρικός ναός από ασβεστόλιθο με έξι κίονες στην πρόσοψή του (Εικ. 8). Ο περιβάλλων χώρος του ναού οριοθετείται από τοίχο στα δυτικά και από στοές στα βόρεια και στα νότια (Εικ. 9). Χρονολογείται στις αρχές του 1ου αιώνα μ.Χ., λίγο μετά το θάνατο του Αυγούστου.

Στα τέλη του 1ου αιώνα μ.Χ., ο ναός άλλαξε ριζικά. Κατασκευάστηκε νέο μαρμάρινο κτήριο κορινθιακού ρυθμού πάνω σε βάθρο (podium) ύψους 3,4 μ. και περικλείστηκε από κιονοστοιχία έξι κιόνων στις στενές πλευρές και 12 στις μακρές (Εικ. 9, 10). Περιλάμβανε πρόναο (προθάλαμο) με δύο κίονες ανάμεσα στις παραστάδες και επιμήκη σηκό, ο οποίος ήταν προσβάσιμος από κλιμακοστάσιο στα ανατολικά. Σε αυτή τη φάση, ο

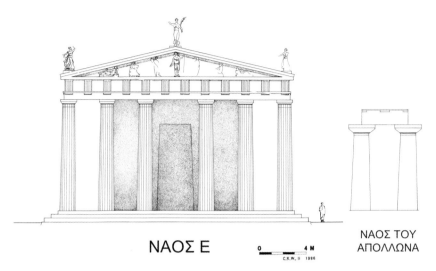

ΝΑΟΣ Ε   0 ▬▬▬ 4 M
                          C.K.W. II 1986

ΝΑΟΣ ΤΟΥ
ΑΠΟΛΛΩΝΑ

Εικόνα 8. Όψη της αρχικής φάσης του Ναού Ε, δωρικού ρυθμού

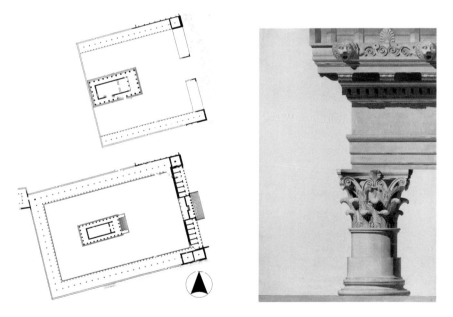

Εικόνα 9 (αριστερά). Κατόψεις του Ναού Ε: η αρχική φάση δωρικού ρυθμού (επάνω) και η μεταγενέστερη φάση κορινθιακού ρυθμού (κάτω)

Εικόνα 10 (δεξιά). Τμήμα της όψης του Ναού Ε μετά την ανακατασκευή του σύμφωνα με τον κορινθιακό ρυθμό στα τέλη του 1ου αιώνα μ.Χ.

ναός περικλειόταν από στοές με κιονοστοιχίες. Η στοά που βρισκόταν στην ανατολική πλευρά του είχε δύο ορόφους: ο πάνω είχε πρόσοψη στον περιβάλλοντα χώρο του ναού, ενώ το ισόγειο –που σήμερα ονομάζουμε Δυτικά Καταστήματα **⑰**– είχε θέα στη Ρωμαϊκή Αγορά.

Στις μέρες μας είναι ορατά τα θεμέλια του βάθρου του ναού, με αποσπασματική αποκατάσταση τριών κιόνων από την κιονοστοιχία της πρόσοψης που στηρίζουν τμήμα του επιστυλίου. Το αρχικό ύψος των κιόνων ήταν πολύ μεγαλύτερο. Στο επιστύλιο διατηρούνται εγκοπές, οι οποίες έφεραν χάλκινα γράμματα από αναθηματική επιγραφή, ενώ γλυπτά από το ανατολικό αέτωμα του Ναού Ε αυτής της φάσης περιλαμβάνουν απεικονίσεις της θεάς Ρώμης και του Απόλλωνα κιθαρωδού **Ⓜ**. Σύμφωνα με την περιγραφή του περιηγητή του 2ου αιώνα μ.Χ., Παυσανία, (2.3.1), ο ναός ήταν αφιερωμένος πιθανώς στην Οκταβία, αδελφή του Αυγούστου, αν και σύγχρονες μελέτες προτείνουν νέες υποθέσεις: ενδεχομένως πρόκειται για το Καπιτώλιο, ναό αφιερωμένο στη ρωμαϊκή τριάδα (Δίας, Ήρα και Αθηνά), ή για έδρα της αυτοκρατορικής λατρείας.

Corinth I.2 (1941), σελ. 166–236· C. K. Williams II, *Hesperia* 53 (1984), σελ. 101–104· C. K. Williams II και O. Zervos, *Hesperia* 59 (1990), σελ. 325–369, πίν. 57–68.

❷ ΦΡΑΓΚΙΚΗ ΣΥΝΟΙΚΙΑ

Ⓝ Συνεχίζοντας προς τα νότια και αφήνοντας τα κατάλοιπα του Ναού Ε πίσω του στα δεξιά ο επισκέπτης θα συναντήσει μπροστά του τη Φράγκικη Συνοικία.

Η Φράγκικη Συνοικία ήταν κλειστή για το κοινό κατά τη διάρκεια της προετοιμασίας του οδηγού, ωστόσο πραγματοποιούνται εργασίες ώστε να γίνει σύντομα επισκέψιμη. Τότε, η είσοδος στη συνοικία θα γίνεται μέσα από μια δίοδο ανάμεσα στο Συγκρότημα 1 και στο Συγκρότημα 2, που καταλήγει στη βορειοανατολική γωνία του δωματίου 1 του Συγκροτήματος 1 (Εικ. 11). Στα δεξιά αυτού του σημείου εκτείνεται η πλατεία μπροστά από τα Συγκροτήματα 1 και 5, ενώ στα αριστερά η εκκλησία του Συγκροτήματος 2.

Κεντρικό σημείο αναφοράς της Φράγκικης Συνοικίας αποτελεί η μεγάλη πλατεία την οποία περιτρέχει κιονοστοιχία από επαναχρησιμοποιημένους ρωμαϊκούς κίονες μπροστά από τα Συγκροτήματα 1 και 5 (Εικ. 12). Η πλατεία είναι παρόμοια σε μέγεθος με αυτή που κάποτε θεωρούνταν ως η εμπορική αγορά της μεσαιωνικής πόλης στα ανατολικά της Φράγκικης Συνοικίας (η οποία δηλώνεται στην Εικ. 11 ως Λεωφόρος Αγοράς). Ωστόσο, οι μεγάλες διαστάσεις της Φράγκικης Συνοικίας αντικρούουν την υπόθεση ότι η τελευταία, δηλαδή η Εμπορική Λεωφόρος Αγοράς ήταν ο μεσαιωνικός διάδοχος της Ρωμαϊκής Αγοράς. Σε αντίθεση

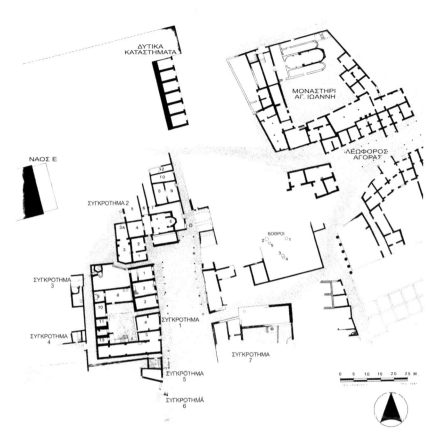

Εικόνα 11. Κάτοψη της Φράγκικης Συνοικίας νοτιοανατολικά του Ναού Ε γύρω στο 1300 μ.Χ

Εικόνα 12. Σχεδιαστική αναπαράσταση της όψης του Συγκροτήματος 1 της Φράγκικης Συνοικίας

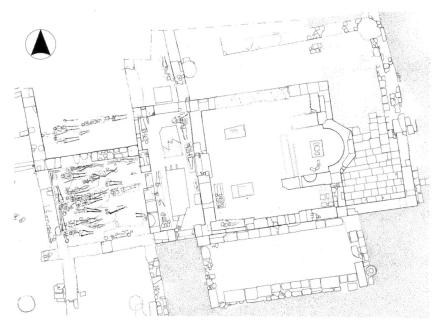

Εικόνα 13. Κάτοψη της μικρής εκκλησίας στο Συγκρότημα 2 της Φράγκικης Συνοικίας, με τάφους μεταγενέστερης φάσης στα δυτικά του νάρθηκα

Εικόνα 14. Φαρμακευτικές φιάλες (albarelli) από τη Φράγκικη Συνοικία: δύο εγχώριες με πράσινη εφυάλωση, και δύο εισηγμένες, η μία από Αιγυπτιακό κυανό και η δεύτερη με σκουροπράσινη εφυάλωση

με τα πρότυπα μιας μεσαιωνικής πόλης δυτικοευρωπαϊκού τύπου όπου υπήρχε μία κεντρική αγορά, η Κόρινθος παρουσιάζει μεσογειακή χωροταξία με πολυάριθμες πλατείες, καθεμία από τις οποίες αποτελούσε κέντρο θρησκευτικής και οικονομικής δραστηριότητας. Βάσει των παραπάνω, η ανεσκαμμένη περιοχή πιθανόν να μην αποτελούσε το κέντρο της μεσαιωνικής πόλης, αλλά τμήμα των περιχώρων της.

Στα βόρεια της πλατείας του Συγκροτήματος 2 βρίσκεται μια μικρή εκκλησία με σκεπαστό διάδρομο στη βόρεια πλευρά της. Πολύ πιθανόν να λειτούργησε ως μοναστήρι, το οποίο στη συνέχεια χρησιμοποιήθηκε και ως κοιμητηριακός ναός. Οι περισσότερες σοροί ήταν θαμμένες σε μικρό δωμάτιο δυτικά του νάρθηκα (Εικ. 13) και παρουσιάζουν μεγάλο εύρος, συχνά θανατηφόρων, ασθενειών, όπως ο καρκίνος των οστών, επιπλοκές κατά τον τοκετό και πολλές περιπτώσεις *βρουκέλλωσης* (μελιταίος πυρετός: λοιμώδες νόσημα που προκαλείται από την κατανάλωση μολυσμένου κρέατος ή γάλακτος), καθώς και ενδείξεις για τρυπανισμό κρανίου. Οι φαρμακευτικές φιάλες *(albarelli)* που βρέθηκαν δείχνουν ότι το μοναστήρι ήταν υπεύθυνο για τη φροντίδα ασθενών, ηλικιωμένων, αναπήρων και εγκύων (Εικ. 14). Στα δυτικά της πλατείας βρίσκεται κτηριακό συγκρότημα (Συγκρότημα 1) που αναπτύσεται γύρω από μεγάλη κεντρική αυλή που συνδέεται με την πλατεία με ένα στενό διάδρομο.

C. K. Williams II κ.ά., *Hesperia* 67 (1998), σελ. 223–281· C. K. Williams II, *Corinth* XX (2003), σελ. 123–434.

❸ ΚΡΗΝΗ ΤΗΣ ΓΛΑΥΚΗΣ

ⓝ Ο επισκέπτης πρέπει να επιστρέψει και να περπατήσει κατά μήκος της δυτικής πλευράς του μουσείου, αφήνοντας πίσω αριστερά το Ναό Ε **❶**. Όταν φτάσει στο εκδοτήριο εισιτηρίων θα πρέπει να στρίψει δεξιά και να ακολουθήσει το σύγχρονο μονοπάτι, απέναντι από το εκδοτήριο, κοντά στην είσοδο του αρχαιολογικού χώρου.

Η Κρήνη της Γλαύκης, ένας μεγάλος κυβικός όγκος από ασβεστόλιθο, προέκυψε από την απολάξευση του περιβάλλοντα φυσικού βράχου (Εικ. 15). Στην αρχική της μορφή η κρήνη αποτελούσε κομμάτι της ασβεστολιθικής πλαγιάς που εκτεινόταν στα δυτικά του Λόφου του Ναού του Απόλλωνα. Σύμφωνα με τον Παυσανία (2.3.6), ο οποίος περιέγραψε την επίσκεψή του στην Κόρινθο γύρω στο 150 μ.Χ., η κρήνη πήρε το όνομά της από τη Γλαύκη, κόρη του βασιλιά της Κορίνθου, Κρέοντα, και μέλλουσα σύζυγο του Ιάσονα. Η Μήδεια, πρώτη σύζυγος του Ιάσονα, ζήλεψε τόσο όταν εκείνος την εγκατέλειψε για τη νεότερη πριγκίπισσα, ώστε πρόσφερε στη Γλαύκη ένα χιτώνα εμποτισμένο με δηλητήριο. Όταν η Γλαύκη φόρεσε το χιτώνα έπεσε στην κρήνη σε μια απεγνωσμένη προσπάθεια να σταματήσει τη δράση του δηλητηρίου και να σωθεί, όμως δεν τα κατάφερε.

Εικόνα 15. Η Κρήνη της Γλαύκης από τα βόρεια (1905)

Η Κρήνη της Γλαύκης μοιάζει με την Κρήνη της Πειρήνης **37** καθώς αποτελείται από τέσσερις μεγάλες δεξαμενές πίσω με τρεις λεκάνες άντλησης μπροστά. Επίσης, η πρόσοψή της είναι αρχιτεκτονικά διαμορφωμένη. (Εικ. 16, 17). Παρόλο που η πρόσοψη αυτή είναι σήμερα σχεδόν τελείως κατεστραμμένη, διακρίνονται ακόμη οι εγκοπές για την τοποθέτηση του στηθαίου μπροστά από τις λεκάνες άντλησης. Οι εγκοπές αυτές βρίσκονται σε μία γραμμή εκατέρωθεν του σκάμματος που βρίσκεται στο κέντρο. Μπροστά τους είναι τα σκαλοπάτια που οδηγούσαν στην πρόσοψη· στη δυτική πλευρά του μνημείου υπάρχουν επίσης σκαλοπάτια.

Το βαθύ σκάμμα στο κέντρο των σκαλοπατιών χρησίμευσε για τη μετακίνηση των λίθων κατά την κατασκευή των δεξαμενών και πιθανότατα επιχώθηκε όταν ξεκίνησε η λειτουργία της κρήνης. Ακριβώς στα βόρεια της κρήνης βρισκόταν μικρή αυλή πλαισιωμένη από τα σκαλοπάτια, η οποία πλακοστρώθηκε κατά τη ρωμαϊκή εποχή. Σε αντίθεση με τις περισσότερες κρήνες της Κορίνθου, η Γλαύκη δεν τροφοδοτείται άμεσα από φυσική πηγή, αλλά αντλεί νερό μέσω αγωγών από άλλη πηγή, κάπου νοτιότερα. Από το γεγονός αυτό σε συνδυασμό με άλλα δεδομένα, όπως μια πρόσφατη ανάλυση κονιάματος, συνάγεται ότι η Γλαύκη ίσως να μην χρονολογείται στην αρχαϊκή εποχή, όπως πίστευαν οι ερευνητές στο παρελθόν, αλλά στην ελληνιστική ή τη ρωμαϊκή.

Corinth I.6 (1964), σελ. 200–228· M. E. Landon, *Corinth* XX (2003), σελ. 48· C. Pfaff, *Corinth* XX (2003), σελ. 133–134.

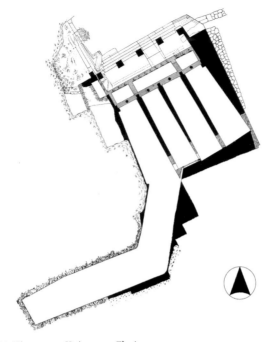

Εικόνα 16. Κάτοψη της Κρήνης της Γλαύκης

Εικόνα 17. Τομή κατά μήκος βόρεια-νότια διαμέσου του προστώου της Κρήνης της Γλαύκης

Εικόνα 18. Ο Ναός του Απόλλωνα, από τα νοτιοδυτικά, με τρεις από τους πρώτους ανασκα-φείς πάνω στο επιστύλιο. Στο βάθος δεξιά διακρίνεται το Καποδιστριακό Σχολείο (1901).

❹ ΝΑΟΣ ΤΟΥ ΑΠΟΛΛΩΝΑ

Ο επισκέπτης πρέπει να ακολουθήσει το σύγχρονο μονοπάτι με κατεύθυνση το Ναό του Απόλλωνα, διασχίζοντας κάθετα την πορεία του αρχαίου δρόμου για τη Σικυώνα.

Στο Λόφο του Ναού του Απόλλωνα ανεγέρθηκαν δύο ναοί: αυτός που είναι σήμερα ορατός είναι ο δεύτερος χρονικά, ενώ υπήρχε ένας πρω-ϊμότερός του. Η ύπαρξη του παλαιότερου ναού μάς είναι γνωστή από αποσπασματικά σωζόμενα αρχιτεκτονικά κατάλοιπα, κανένα από τα οποία δεν βρέθηκε κατά χώραν. Αρχαιολογικές αποθέσεις τοποθετούν την κατα-σκευή και χρήση του πρώτου αυτού ναού χρονικά μεταξύ του πρώιμου 7ου και πρώιμου 6ου αιώνα π.Χ. Κατασκευάστηκε σε μνημειώδη μορφή από λίθους, πλίνθους και ξύλινες δοκούς, και είχε βαριά και περίπλοκη τετράρριχτη οροφή από πήλινες κεράμους Ⓜ. Περιείχε ορισμένα από τα πρωιμότερα δείγματα αρχαιοελληνικών τοιχογραφιών. Σύμφωνα με ορισ-μένους μελετητές, ήταν μια απλή κατασκευή χωρίς εξωτερικούς κίονες, ενώ σύμφωνα με άλλους, παρουσίαζε ομοιότητες με έναν ναό σύγχρονό του στην αρχαία Ισθμία, ο οποίος διέθετε εξωτερικό περιστύλιο.

Επτά κίονες ενός δεύτερου, μεταγενέστερου αρχαϊκού ναού υψώνονται μέχρι σήμερα στο λόφο και αποτελούν ένα από τα τοπόσημα της Κορίνθου (Εικ. 18), αν όχι ολόκληρης της Ελλάδας. Ο ναός αυτός ήταν αφιερωμέ-νος στον Απόλλωνα όπως προκύπτει από την περιγραφή του Παυσανία (2.3.6), μια μικρή αναθηματική πλάκα αφιερωμένη στον Απόλλωνα, και έναν ενεπίγραφο αρύβαλλο (αγγείο για αρωματικά έλαια) έπαθλο Ⓜ.

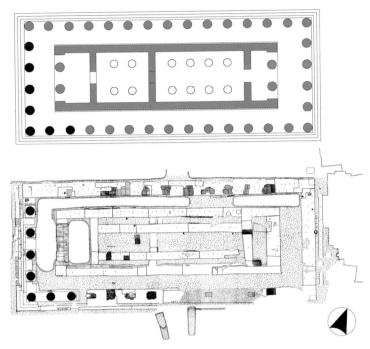

Εικόνα 19. Σχεδιαστική αναπαράσταση της κάτοψης (πάνω) και αποτύπωση (κάτω) του Ναού του Απόλλωνα

Και τα δύο αντικείμενα ανασκάφηκαν στην περιοχή του ναού. Το κτήριο αυτό ανεγέρθηκε στα μέσα του 6ου αιώνα π.Χ. για να αντικαταστήσει τον κατεστραμμένο ναό του 7ου αιώνα π.Χ. και είναι δωρικού ρυθμού. Αρχικά, έφερε έξι κίονες σε κάθε στενή πλευρά και 15 σε κάθε μακρά (Εικ. 19). Τα χαρακτηριστικά κατασκευαστικά στοιχεία που δείχνουν ότι χρονολογείται στην αρχαϊκή εποχή είναι το μεγάλο μήκος του σε σχέση με το πλάτος, οι μεγάλων διαστάσεων μονολιθικοί κίονες, και τα πεπλατυσμένα κιονόκρανα (Εικ. 20).

Παρόλο που το μεγαλύτερο μέρος αυτού του κτηρίου των μέσων του 6ου αιώνα π.Χ. έχει καταστραφεί, στο φυσικό βράχο διατηρούνται τα λαξεύματα για τη θεμελίωσή του, γεγονός που επιτρέπει τη

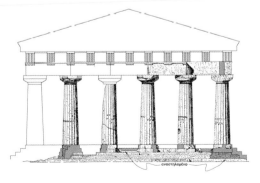

Εικόνα 20. Όψη του Ναού του Απόλλωνα

σχεδιαστική αναπαράσταση της κάτοψής του. Το σύνολο των λαξευμάτων αυτών είναι ευκρινέστερα ορατό από την ανατολική πλευρά του ναού, ο οποίος περιλαμβάνει πρόναο και οπισθόναο στα δύο άκρα και μακρύ κεντρικό σηκό που χωρίζεται σε δύο δωμάτια από εγκάρσιο τοίχο. Σύμφωνα με την παραδοσιακή αναπαράσταση της κάτοψης (βλέπε Εικ. 19), ο τοίχος αυτός θεωρείται συμπαγής και επομένως η πρόσβαση στο δυτικό δωμάτιο του σηκού ήταν δυνατή μόνο από μια θύρα στα δυτικά. Εναλλακτική υπόθεση προτείνει ότι υπήρχε ένα μικρό άνοιγμα στον εγκάρσιο τοίχο και επομένως το δυτικό δωμάτιο χρησίμευε ως άδυτο. Σε κάθε περίπτωση, δύο σειρές κιόνων έστεκαν κατά μήκος του εσωτερικού του κτηρίου.

Ήδη από την αρχαϊκή εποχή, ο λόφος ήταν προσβάσιμος μέσω μνημειώδους κλίμακας που βρισκόταν στη νοτιοανατολική γωνία του (Εικ. 21). Κατά τη ρωμαϊκή εποχή, σημαντικές αλλαγές στο λόφο είχαν ως αποτέλεσμα τη μετατόπιση της πρόσβασης στα δυτικά. Η αλλαγή αυτή επήλθε λόγω της οικοδομικής δραστηριότητας στις υπόλοιπες τρεις πλαγιές του λόφου, εξαιτίας της οποίας καταργήθηκε η αρχική κλίμακα και απολαξεύτηκαν οι πλαγιές. Επιπλέον, οι Ρωμαίοι ανακαίνισαν ριζικά το ναό και πρόσθεσαν γύρω του περίβολο με κιονοστοιχίες στις δύο πλευρές. Οι εσωτερικοί κίονες μετακινήθηκαν και ορισμένοι από αυτούς τοποθετήθηκαν σε μια σειρά κοντά στο δυτικό άκρο της Νότιας Στοάς ⓳, όπου στέκουν ακόμη σήμερα.

Corinth I.1 (1932), σελ. 115–134· R. Rhodes, Corinth XX (2003), σελ. 85–94· C. A. Pfaff, Corinth XX (2003), σελ. 112–115· N. Bookidis και R. S. Stroud, Hesperia 73 (2004), σελ. 401–426.

Εικόνα 21. Η μνημειώδης κλίμακα της αρχαϊκής εποχής που οδηγούσε στην ανατολική πλευρά του Ναού του Απόλλωνα

ΤΟ ΤΟΠΙΟ ΑΠΟ ΤΗ ΒΑ ΓΩΝΙΑ ΤΟΥ ΛΟΦΟΥ ΤΟΥ ΝΑΟΥ

Ως Λόφος του Ναού αποκαλείται ο λόφος στον οποίο υψώνεται ο Ναός του Απόλλωνα ❹. Η επιμήκης αυτή ράχη από αμμώδη ασβεστόλιθο δημιουργήθηκε ως υποθαλάσσιος αμμόλοφος, όταν τα νερά του Κορινθιακού κόλπου πάφλαζαν στους πρόποδες του Ακροκορίνθου. Αναδύθηκε μετά από μια γρήγορη φάση ανύψωσης των ανδήρων πριν περίπου 240.000 χρόνια, όταν η νέα ακτογραμμή της θάλασσας κατέβηκε στους πρόποδες του λόφου στα βόρεια. Κατά την αρχαιότητα, ο υπέργειος πλέον αμμόλοφος χρησιμοποιήθηκε ως λατομείο ⓫.

Από το ύψωμα του Ναού του Απόλλωνα η θέα αγκαλιάζει περιμετρικά όλο το τοπίο γύρω από τον Κορινθιακό κόλπο και ακόμη πιο μακριά. Στα βορειοανατολικά διακρίνονται τα Γεράνεια όρη με το Λουτράκι στους πρόποδές τους και στα βόρεια η χερσόνησος της Περαχώρας, όπου βρίσκεται το ιερό της Ήρας. Πίσω από την Περαχώρα υψώνεται το όρος Ελικώνας, βουνό των Μουσών, και στα βορειοδυτικά ο Παρνασσός, στις πλαγιές του οποίου βρίσκονται οι Δελφοί. Δυτικότερα, ξεχωρίζει η Γκιώνα, βουνό της Φωκίδας.

Στα δυτικά, είναι ορατό το όρος Κυλλήνη, γενέτειρα του Ερμή, ενώ στα νότια υψώνονται τα βουνά της Αρκαδίας, αθέατα λόγω του Ακροκορίνθου. Το σημαντικότερο τοπόσημο της περιοχής, το οποίο δεσπόζει στα νότια πάνω από το χωριό της Αρχαίας Κορίνθου, είναι ο Ακροκόρινθος ➎⓿. Στη γραμμή του ορίζοντα, ανατολικά και δυτικά του, εντοπίζονται τα κλασικά τείχη της πόλης ➐⓿.

(πλάγια στήλη) ΤΟΠΟΓΡΑΦΙΚΗ ΠΕΡΙΓΡΑΦΗ 1

➎ ΒΟΡΕΙΑ ΑΓΟΡΑ

ℕ Αν σταθεί στη βορειοδυτική γωνία του Λόφου του Ναού του Απόλλωνα ο επισκέπτης μπορεί δει να εκτείνονται προς βορρά η Βόρεια Αγορά, η Βόρεια Στοά και ο δρόμος του 7ου αιώνα π.Χ. Ωστόσο, η Βόρεια Αγορά και η Βόρεια Στοά είναι καλύτερα ορατές από το σύγχρονο δρόμο προς τα βόρεια, έξω από τον περιφραγμένο αρχαιολογικό χώρο.

Στο βόρειο πρανές του Λόφου του Ναού του Απόλλωνα έχει ανασκαφεί το νότιο μισό τμήμα ρωμαϊκής εμπορικής αγοράς με κεντρικό αίθριο που περικλείεται από κιονοστοιχίες, ενώ το βόρειο μισό της παραμένει ανεξερεύνητο κάτω από το σύγχρονο δρόμο. Σήμερα διατηρούνται ακόμη τμήματα της μαρμάρινης λιθόστρωσης του αιθρίου, καθώς και το ρείθρο που το περιβάλλει (Εικ. 22). Μια σειρά από 13 καταστήματα έχουν όψη στην κιονοστοιχία της νότιας πλευράς, ενώ στη δυτική και στην ανατολική πλευρά έχουν βρεθεί κατάλοιπα καταστημάτων. Ψηφιδωτό δάπεδο με γεωμετρικά σχέδια διακοσμούσε το δάπεδο της κιονοστοιχίας, σήμερα ορατό μόνο άνοιξη και καλοκαίρι.

Εικόνα 22. Η Βόρεια Αγορά μετά τις ανασκαφές, λήψη από τα βορειοδυτικά (1949)

Corinth I.3 (1951), σελ. 180–194.

❻ ΒΟΡΕΙΑ ΣΤΟΑ

Στην ομαλή πλαγιά βόρεια του Ναού εκτείνονται τα κατάλοιπα διώροφης στοάς, τμήμα της οποίας κάλυψε η μεταγενέστερη Βόρεια Αγορά ❺. Στο ισόγειο ημικίονες έφεραν αδιακόσμητο γείσο ενώ στον πάνω όροφο πεσσοί στήριζαν θριγκό δωρικού ρυθμού. Αρκετοί από τους πεσσούς είναι τοποθετημένοι σήμερα στα θεμέλια. Το θριγκό διακοσμούσαν πολύχρωμες πήλινες σίμες με υδρορροές με τη μορφή λεοντοκεφαλής, μία από τις οποίες έχει διατηρηθεί σε εξαιρετική κατάσταση. Θησαυρός νομισμάτων που βρέθηκε στη στοά περιλαμβάνει 41 χρυσούς στατήρες του Φιλίππου Β΄ και 10 του Μεγάλου Αλεξάνδρου (Εικ. 23), και τοποθετεί χρονικά την κατασκευή της γύρω στα τέλη του 4ου αιώνα π.Χ. Επιπλέον, μεγάλος αριθμός σφαιρικών βλημάτων καταπέλτη που αποκαλύφθηκαν στο κτήριο υποδηλώνει ότι πιθανόν είχε χρησιμοποιηθεί ως Οπλοθήκη (Εικ. 24). Ανατολικά της στοάς υπήρχε κτίσμα το οποίο επίσης κάλυψε η ρωμαϊκή εμπορική αγορά. Διέθετε τέσσερα δωμάτια και πιθανόν χρονολογείται στον 5ο αιώνα π.Χ. Είναι γνωστό ως Ποικίλο Κτήριο λόγω των πολλών τμημάτων επιχρωματισμένων κονιαμάτων που έφερε στο φως η ανασκαφή στο κτήριο.

Corinth I.3 (1951), σελ. 155–179.

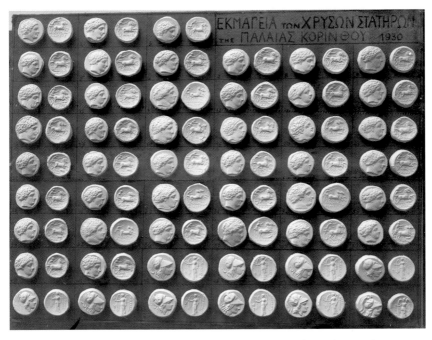

Εικόνα 23. Εκμαγεία του θησαυρού νομισμάτων από τη Βόρεια Στοά (τα νομίσματα σήμερα φυλάσσονται στο Νομισματικό Μουσείο της Αθήνας)

Εικόνα 24. Βλήματα καταπέλτη από τη Βόρεια Στοά (1949)

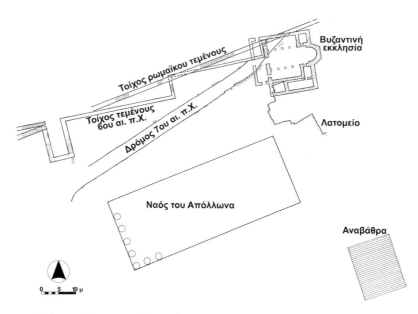

Εικόνα 25. Κάτοψη της βόρειας πλευράς του Λόφου του Ναού του Απόλλωνα

❼ ΔΡΟΜΟΣ ΤΟΥ 7ΟΥ ΑΙΩΝΑ Π.Χ.

Ένας δρόμος που ανάγεται στον 7ο αιώνα π.Χ. διέσχιζε την περιοχή βόρεια του Ναού του Απόλλωνα ❹, όπου ο φυσικός βράχος είχε λαξευτεί και ισοπεδωθεί για τη δημιουργία του (Εικ. 25). Είχε προσανατολισμό νοτιοδυτικά–βορειοανατολικά, πλάτος περίπου 3 μ. και έφερε έντονα ίχνη χρήσης, με πολλαπλές βαθιές αυλακιές από τροχούς. Τμήμα του δρόμου, από τη βορειοδυτική γωνία του ναού προς τη βυζαντινή εκκλησία ❽, είναι σήμερα ορατό ακριβώς στα βόρεια της περισχοίνισης του ναού.

Corinth I.3 (1951), σελ. 155–179· H. S. Robinson, *Hesperia* 45 (1976), σελ. 212–217.

❽ ΒΥΖΑΝΤΙΝΗ ΕΚΚΛΗΣΙΑ

✎ Ο επισκέπτης πρέπει να κατευθυνθεί κατά μήκος του βόρειου άκρου του Λόφου του Ναού, ακολουθώντας το δρόμο του 7ου αιώνα π.Χ. προς την εκκλησία.

Βορειοανατολικά του Ναού του Απόλλωνα ❹ βρίσκονται τα μερικώς διατηρημένα κατάλοιπα βυζαντινής εκκλησίας, η οποία χρονολογείται στο 12ο αιώνα μ.Χ. Περιλάμβανε νάρθηκα, κυρίως ναό και δύο κλίτη (Εικ. 26), τα οποία διαχωρίζονταν από τον κυρίως ναό με μαρμάρινους κίονες. Δύο από τις βάσεις των κιόνων αυτών παραμένουν κατά χώραν,

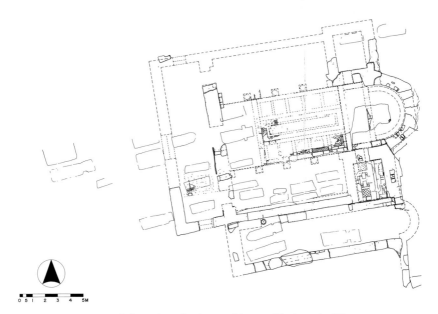

Εικόνα 26. *Κάτοψη της βυζαντινής εκκλησίας στο Λόφο του Ναού του Απόλλωνα*

ενώ ένας κίονας διατηρείται ακέραιος στον κυρίως ναό και φέρει εγκοπή που υποδηλώνει ότι αποτελούσε τμήμα του τέμπλου. Η σωζόμενη θεμελίωση περιλαμβάνει τον κυρίως ναό με την κόγχη του, τμήμα του νάρθηκα και το νότιο κλίτος. Θραύσματα μαρμάρινης επένδυσης, καθώς και δάπεδο με *opus sectile* (μαρμαροθέτημα) και τμήματα χρωματιστού κονιάματος από τους τοίχους μαρτυρούν την περίτεχνη διακόσμηση της εκκλησίας.

H. S. Robinson, *Hesperia* 15 (1976), σελ. 221-224.

9 ΟΘΩΜΑΝΙΚΗ ΟΙΚΙΑ

Ν Από τη βορειοανατολική γωνία του Λόφου του Ναού διακρίνονται τα κατάλοιπα της οθωμανικής οικίας. Ο τοίχος και τα σκαλοπάτια είναι καλύτερα ορατά από το σύγχρονο δρόμο.

Στα τέλη του 18ου αιώνα, οι επτά κίονες που τότε στέκονταν στη νότια πλευρά του Ναού του Απόλλωνα ενσωματώθηκαν στον τοίχο ενός κήπου και στη συνέχεια τέσσερις από αυτούς αποδομήθηκαν για να χρησιμοποιηθούν στην κατασκευή μεγάλου πολυτελούς οικιστικού συγκροτήματος. Το κεντρικό κτήριό του, το οποίο ήταν τριώροφο, χτίστηκε πάνω από τα δύο τρίτα του ναού (προς τα ανατολικά) και απεικονίζεται σε πολλά

Εικόνα 27. Ο Ναός του Απόλλωνα, από τα νοτιοδυτικά (1834). Στο βάθος, η οθωμανική οικία του 18ου αιώνα.

σχέδια περιηγητών του 18ου και 19ου αιώνα (Εικ. 27). Σήμερα είναι ορατός ο αναλημματικός τοίχος του λόφου εκείνης της περιόδου και δύο κλίμακες (Εικ. 28) ανάμεσα στο Ναό του Απόλλωνα ❹ και τη Βόρεια Αγορά ❺. Τα σωζόμενα σκαλοπάτια στα ανατολικά είναι σχεδόν ευθυγραμμισμένα με το ανατολικό άκρο της Βόρειας Στοάς ❻, ενώ εκείνα που διατηρούνται στα δυτικά βρίσκονται πάνω από το τέταρτο κατάστημα της Βόρειας Αγοράς, μετρώντας από τα δυτικά.

Corinth I.1 (1932), σελ. 127–133· H. S. Robinson, *Hesperia* 45 (1976), σελ. 221, 223.

Εικόνα 28. Σχεδιαστική αναπαράσταση σε τομή σκαλοπατιών της οθωμανικής περιόδου στα βόρεια του Λόφου του Ναού του Απόλλωνα

Εικόνα 29. Άποψη της Ρωμαϊκής Αγοράς, ο Ναός του Απόλλωνα και το Καποδιστριακό Σχολείο στο βάθος (1903)

⑩ ΚΑΠΟΔΙΣΤΡΙΑΚΟ ΣΧΟΛΕΙΟ

Λίγο μετά το 1829, τη βορειοανατολική γωνία των θεμελίων του Ναού του Απόλλωνα ❹ κάλυψε ένα διώροφο κτίσμα, γνωστό ως Καποδιστριακό Σχολείο, το οποίο πήρε το όνομά του από τον Ιωάννη Καποδίστρια, πρώτο κυβερνήτη της Ελλάδας. Ο Καποδίστριας επισκέφτηκε την Κόρινθο το 1829 και ίσως τότε υποστήριξε προσωπικά την κατασκευή του σχολείου. Εξαιτίας του σεισμού του 1858 καταστράφηκε η στέγη του κτηρίου, αλλά το υπόλοιπο κτίσμα παρέμεινε όρθιο μέχρι τις αρχές του 20ου αιώνα (Εικ. 29). Τα θεμέλια του σχολείου ξεχωρίζουν στα νότια και ψηλότερα από τα θεμέλια της βυζαντινής εκκλησίας ❽.

H. S. Robinson, *Hesperia* 45 (1976), σελ. 238-239.

ΓΕΩΛΟΓΙΑ

Στη γεωλογία της Κορίνθου κυριαρχούν τα βαθιά θαλάσσια ιζήματα, η αδιάβροχη μαργαϊκή άργιλος, που καλύπτεται από στρώματα πορώδους, αμμώδους ή χαλικώδους, ασβεστόλιθου (Εικ. 30). Παλαιότεροι όγκοι ασβεστόλιθου της Ιουρασικής περιόδου, όπως ο λόφος στον οποίο χτίστηκε ο Ακροκόρινθος, προβάλουν μέσα από τις μεταγενέστερες αποθέσεις σε ύψος μεγαλύτερο των 570 μ. Η ανύψωση της ξηράς σε σχέση με τη θάλασσα έχει δημιουργήσει μια σειρά από πλατιά άνδηρα που καταλήγουν σε υπερυψωμένες ακτές με κατακόρυφους γκρεμούς. Η αρχαία πόλη είναι χτισμένη πάνω σε δύο τέτοια άνδηρα στους πρόποδες του Ακροκορίνθου, σε υψόμετρο 90 μ. και 60 μ. αντίστοιχα από την επιφάνεια της θάλασσας. Στα σημεία επαφής ασβεστόλιθου και μάργας που έχουν αποκαλυφθεί στις άκρες των ανδήρων, αναβλύζουν αρκετές φυσικές πηγές. Παρόλο που ο Ισθμός στα ανατολικά της Κορίνθου είναι σχετικά άνυδρος, η παράκτια πεδιάδα στα δυτικά αρδεύεται από τους εποχιακούς χειμάρρους που κατεβαίνουν από τις κοιλάδες του Αγίου Βασιλείου και της Νεμέας στα νότια.

Τα αμμώδη ασβεστολιθικά πετρώματα των θαλάσσιων ανδήρων εκτείνονται από τις Κεγχρεές έως τη Σικυώνα και είχαν γίνει αντικείμενο εκτεταμένης λατόμευσης για την εξαγωγή δομικών λίθων που χρησιμοποιήθηκαν στους Δελφούς και στην Επίδαυρο. Ορισμένοι τύποι μαργαϊκής αργίλου αποτελούν πηγή κονιάματος για οικοδομικές εργασίες και πηλού για κεραμική, ενώ η ασβεστολιθική μάργα χρησιμοποιείται στην παραγωγή οξειδίου του ασβεστίου, το οποίο με την προσθήκη νερού μετατρέπεται σε υδροξείδιο του ασβεστίου, δηλαδή λευκό ασβέστη. Ορισμένα είδη μαργαϊκής αργίλου χρησιμοποιήθηκαν στην κατασκευή πήλινων κεράμων, αγωγών, ειδωλίων και κεραμικής.

Ο τεκτονικός κατακερματισμός του υπεδάφους της περιοχής είναι η αιτία της συνεχούς απειλής σεισμού που όμως σπάνια ξεπερνά τους 6,5 βαθμούς της κλίμακας Ρίχτερ και ποτέ δεν έχει ξεπεράσει τους 7,0. Σεισμοί κατέστρεψαν περιστασιακά μεγάλα κτήρια, αλλά όχι τόσο συχνά όσο πιστεύουν ορισμένοι, επειδή τα ρήγματα στην Ελλάδα είναι τέτοια που οι σεισμοί επηρεάζουν λίγες δεκάδες χιλιόμετρα από το επίκεντρο. Έτσι, ο σεισμός του 551–552 μ.Χ. στη Χαιρώνεια, ο οποίος καταγράφηκε από τον ιστορικό Προκόπιο, είχε σαφώς μικρό αντίκτυπο στην Κόρινθο.

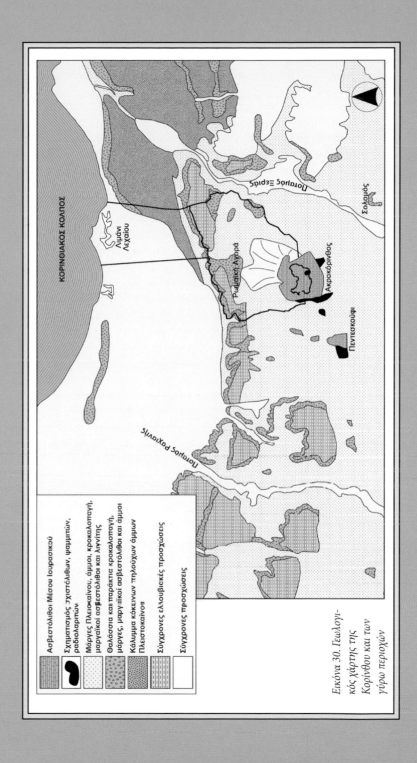

Εικόνα 30. Γεωλογικός χάρτης της Κορίνθου και των γύρω περιοχών

⓫ ΛΑΤΟΜΕΙΟ

⚏ Το λατομείο είναι καλύτερα ορατό από τα κατάλοιπα των θεμελίων του Καποδιστριακού Σχολείου.

Ο βωμός του Ναού του Απόλλωνα ❹ καταστράφηκε κατά τη ρωμαϊκή εποχή και στη θέση του, στο ανατολικό άκρο του Λόφου του Ναού, πραγματοποιήθηκε εκτενής εκλατόμευση του τοπικού αμμώδους ασβεστόλιθου προκειμένου να χρησιμοποιηθεί σε οικοδομικά έργα. Έτσι προέκυψε το βαθύ ανομοιόμορφο όρυγμα με τις ανισόπεδες επιφάνειες και τα ορθογώνια σχήματα (Εικ. 31).

Ο μαλακός ασβεστόλιθος –πάνω στον οποίο χτίστηκε ο ναός– λαξεύεται εύκολα με απλά ξυλουργικά εργαλεία, όπως πριόνι και σκεπάρνι. Η κομμένη επιφάνεια σκληραίνει με την έκθεση στις καιρικές συνθήκες. Τμήματα ασβεστόλιθου δουλεύονταν με τον τρόπο αυτόν από τις αρχές της γεωμετρικής εποχής (περ. 900 π.Χ.) για την κατασκευή σαρκοφάγων (παραδείγματα σαρκοφάγων εκτίθενται στο μουσείο Ⓜ). Εκτεταμένα λατομεία παρόμοιου λίθου ανάμεσα στη Σικυώνα και τις Κεγχρεές τροφοδότησαν με λιθοπλίνθους ναούς και άλλα κτήρια, όπως το ναό του Ασκληπιού στην Επίδαυρο και τον αρχαϊκό ναό του Απόλλωνα στους Δελφούς.

Η εκλατόμευση γινόταν με την αφαίρεση στενών λωρίδων λίθου, πλάτους περίπου 10 εκ., γύρω από το επιθυμητό τμήμα. Έπειτα τοποθετούνταν σφήνες για να αποκολληθεί η κάτω επιφάνεια του λίθου από το φυσικό βράχο. Ο λίθος που προέκυπτε δουλευόταν αδρά και κατόπιν μεταφερόταν στον προορισμό του, όπου έπαιρνε το τελικό του σχήμα. Οι κίονες του ναού του Απόλλωνα πιθανότατα προέρχονται από λατομείο του λόφου όπου βρίσκεται ο ναός. Οι κίονες είναι μονολιθικοί και έχουν ύψος 7 μ. και βάρος περίπου 23 τόνους ο καθένας.

Εικόνα 31. Το λατομείο στο ανατολικό άκρο του Λόφου του Ναού του Απόλλωνα, λήψη προς τα δυτικά

Η ΘΕΑ ΠΡΟΣ ΤΗ ΡΩΜΑΪΚΗ ΑΓΟΡΑ ΚΑΙ ΤΗΝ ΠΕΡΙΟΧΗ ΤΗΣ ΠΑΝΑΓΙΑΣ

❷ Ο επισκέπτης πρέπει να προχωρήσει ανάμεσα στο λατομείο και στο ανατολικό άκρο του Ναού του Απόλλωνα και να σταθεί στη νοτιοανατολική γωνία του Λόφου του Ναού. Από τη νοτιοανατολική γωνία του Λόφου του Ναού, φαίνεται καθαρά η Ρωμαϊκή Αγορά –και οι περιοχές στα ανατολικά της. Η Αγορά βρισκόταν στην καρδιά της ρωμαϊκής Κορίνθου και αποτελούσε το εμπορικό και διοικητικό κέντρο της. Ο προσανατολισμός της ακολουθεί εκείνον κτηρίων της κλασικής και ελληνιστικής εποχής, όπως η Νότια Στοά **⓳**, το Νοτιοανατολικό Κτήριο **㉑** και ο Ναός του Απόλλωνα **❹**, τα οποία ανακαινίστηκαν και επαναχρησιμοποιήθηκαν κατά τη ρωμαϊκή εποχή. Ολόκληρη η περιοχή της Αγοράς, με διαστάσεις περίπου 200 μ. μήκος και 100 μ. πλάτος, ήταν λιθόστρωτη με πλάκες από σκληρό ασβεστόλιθο της Ιουρασικής περιόδου. Τα Κεντρικά Καταστήματα **㉘** που πλαισίωναν το Βήμα (υπερυψωμένο βάθρο για τους ομιλητές) του Αποστόλου Παύλου **㉗** τη χώριζαν σε δύο επίπεδα, το άνω (νότια) και κάτω επίπεδο (βόρεια). Στην ύστερη αρχαιότητα τα δύο επίπεδα ένωσε μια πλατιά κλίμακα που αντικατέστησε τα καταστήματα. Τρεις δρόμοι οδηγούσαν στη Ρωμαϊκή Αγορά: ο δρόμος από τη Σικυώνα, στη βορειοδυτική γωνία της Αγοράς, ο δρόμος από το Λέχαιο **㊱**, στη βορειοανατολική γωνία, και ο δρόμος από τον Ακροκόρινθο, στη νοτιοδυτική γωνία της Αγοράς **⓲**. Κατά τη ρωμαϊκή εποχή, την απαρχή κάθε δρόμου όριζε μια μνημειώδης αψίδα.

Γύρω από τη Ρωμαϊκή Αγορά βρίσκονταν κυρίως διοικητικά και θρησκευτικά κτήρια: τρεις μεγάλες κοσμικές βασιλικές, σειρές καταστημάτων, ναοί και γραφεία.

Στα νοτιοανατολικά της Νότιας Στοάς **⓳**, πάνω από τον αρχαιολογικό χώρο, κατά μήκος του σύγχρονου δρόμου, διακρίνεται η κεραμοσκεπή του δημοτικού σχολείου του χωριού. Απέναντι από το σχολείο, στην άλλη πλευρά του δρόμου, βρίσκεται η Περιοχή της Παναγίας **㉒**, όπου πραγματοποίησε ανασκαφές η Αμερικανική Σχολή από το 1995 έως το 2007. Πήρε το όνομά της από τη μεταβυζαντινή εκκλησία της Παναγίας που βρισκόταν παλαιότερα στην ίδια θέση. Η εκκλησία υπέστη φθορές από σεισμούς το 1928 και το 1930 και κατεδαφίστηκε τη δεκαετία του 1950. Ένα μικρό εκκλησάκι, σε ανάμνηση της εκκλησίας, βρίσκεται σήμερα μέσα στο δημοτικό γήπεδο καλαθοσφαίρισης του χωριού. Η νέα εκκλησία της Παναγίας βρίσκεται σε περίοπτη θέση, στο λόφο ανατολικά της πλατείας του χωριού.

ΤΟΠΟΓΡΑΦΙΚΗ ΠΕΡΙΦΡΑΓΗ 2

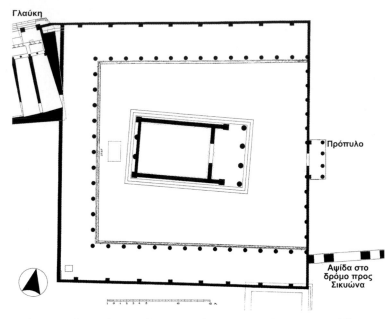

Εικόνα 32. Σχεδιαστική αναπαράσταση της κάτοψης του Ναού C και του περιβόλου του

⑫ ΝΑΟΣ C

⓴ Ο επισκέπτης θα πρέπει να πορευθεί κατά μήκος της νότιας πλευράς του Ναού του Απόλλωνα, να κατέβει το Λόφο του Ναού προς τα νοτιοδυτικά, χρησιμοποιώντας το σύγχρονο μονοπάτι που ακολουθεί τον αρχαίο δρόμο προς τη Σικυώνα. Στη συνέχεια, πρέπει να σταματήσει στο σημείο όπου το μονοπάτι στρίβει νότια, ακριβώς μπροστά από το πρόπυλο του περιβόλου του Ναού C.

Ο Ναός C, ένας τετράστυλος πρόστυλος ρωμαϊκός ναός περικλείεται από κιονοστοιχία στις τρεις πλευρές και τοίχο με ημικίονες στα ανατολικά, προς την πλευρά του δρόμου προς τη Σικυώνα που οδηγεί από την Αγορά στο Θέατρο ㊼ (Εικ. 32). Ο περίβολος του ναού έφτανε μέχρι την Κρήνη της Γλαύκης ❸ προς τα δυτικά. Σήμερα είναι ορατό το νότιο άκρο του προπύλου –με έναν σπόνδυλο κίονα πεσμένο μέσα– και το μεγαλύτερο τμήμα του νότιου μισού του ανατολικού τοίχου του περιβόλου. Κοντά στο σωζόμενο νοτιοανατολικό άκρο του βρίσκονται τα θεμέλια του δυτικού τμήματος μιας ρωμαϊκής μνημειώδους αψίδας που όριζε το δρόμο προς τη Σικυώνα και συνέδεε τον περίβολο του Ναού C με τη Βορειοδυτική Στοά ⓭. Δυστυχώς ο Παυσανίας δεν έκανε καμία αναφορά στον εν λόγω ναό και δεν υπάρχουν ενδείξεις για το ποιός θεός ή θεά λατρευόταν εκεί.

📖

Corinth I.2 (1941), σελ. 131–165.

⓭ ΒΟΡΕΙΟΔΥΤΙΚΗ ΣΤΟΑ

🚩 Απέναντι από τον περίβολο του Ναού C, στην άλλη πλευρά του δρόμου και σε χαμηλότερο επίπεδο, διακρίνονται τα κατάλοιπα της Βορειοδυτικής Στοάς κάτω από τη νότια πλευρά του Λόφου του Ναού.

Στο παρελθόν οι μελετητές θεωρούσαν τη Βορειοδυτική Στοά κτήριο της ελληνιστικής εποχής, το οποίο ανακαινίστηκε κατά τη ρωμαϊκή. Σήμερα, είναι γνωστό ότι πρόκειται για ρωμαϊκό μνημείο που ανεγέρθηκε πάνω από μικρότερη ελληνιστική στοά. Κατασκευάστηκε επί εποχής Αυγούστου (27 π.Χ.–14 μ.Χ.) και όριζε το βόρειο άκρο της Ρωμαϊκής Αγοράς. Ο προσανατολισμός της είναι νοτιοδυτικός, παράλληλα με το νότιο τοίχο του ρωμαϊκού περιβόλου του Ναού του Απόλλωνα ❹. Έχει μήκος 101 μ. και πλάτος 9 μ. με εξωτερική κιονοστοιχία που αποτελείται από 47 δωρικούς κίονες και εσωτερική από 20 ιωνικούς (Εικ. 33). Σήμερα είναι ορατές αρκετές βάσεις ιωνικών κιόνων –πάνω σε ορισμένες εκτίθενται τα κιονόκρανα– και οι περισσότεροι από τους χαμηλότερους σπονδύλους των δωρικών κιόνων. Όλα τα αρχιτεκτονικά μέλη είναι από τοπικό ασβεστόλιθο, επιχρισμένο με μαρμαροκονίαμα ώστε να μοιάζει με μάρμαρο. Τα θεμέλια κλίμακας στο δυτικό άκρο του κτηρίου υποδηλώνουν ότι ήταν διώροφο. Όταν χτίστηκαν

Εικόνα 33. Η Βορειοδυτική Στοά, λήψη από τα δυτικά, με τα Βορειοδυτικά Καταστήματα (δεξιά) ακριβώς μπροστά από τη Στοά (1935)

τα Βορειοδυτικά Καταστήματα **⑭** ακριβώς μπροστά από τη Στοά, εκείνη εξακολούθησε να χρησιμοποιείται, ίσως πλέον ως αποθήκη.

Corinth I.2 (1941), σελ. 89–130· C. K. Williams II, *Hesperia* 38 (1969), σελ. 52–55, πιν. 16–17.

⑭ ΒΟΡΕΙΟΔΥΤΙΚΑ ΚΑΤΑΣΤΗΜΑΤΑ

⚐ Ο επισκέπτης μπορεί να δει τα Βορειοδυτικά Καταστήματα που εκτείνονται μπροστά από τη Βορειοδυτική Στοά, αν προχωρήσει ελαφρώς προς τα νότια και περάσει πάνω από τα θεμέλια της μνημειώδους αψίδας που ορίζει την αρχή του δρόμου προς τη Σικυώνα.

Τα Βορειοδυτικά Καταστήματα χτίστηκαν ακριβώς μπροστά από τη Βορειοδυτική Στοά **⑬** τον ύστερο 1ο αιώνα μ.Χ. Ο μεγάλος κεντρικός θάλαμος διατηρεί ακόμη τη λίθινη καμάρα του (Εικ. 33, 34), η οποία φαίνεται καλύτερα από τη Ρωμαϊκή Αγορά. Εκατέρωθεν της καμάρας βρίσκονταν επτά καταστήματα, τα οποία αρχικά είχαν καμάρες από ασβεστοκονίαμα. Τέλος, στην πρόσοψη υπήρχε κιονοστοιχία με 28 κίονες κορινθιακού ρυθμού.

Corinth I.2 (1941), σελ. 89–130.

Εικόνα 34. Το δυτικό άκρο των Βορειοδυτικών Καταστημάτων, λήψη από τα νότια. Στο βάθος, ο Ναός του Απόλλωνα (1935).

⑮ ΝΑΟΙ ΤΟΥ ΔΥΤΙΚΟΥ ΑΝΔΗΡΟΥ

⊘ Συνεχίζοντας ο επισκέπτης στο σύγχρονο μονοπάτι προς τα νότια, θα συναντήσει πινακίδα στα αριστερά του. Το σημείο αυτό βρίσκεται μεταξύ των Δυτικών Καταστημάτων ⑰ και των κτηρίων του Δυτικού Ανδήρου της Ρωμαϊκής Αγοράς.

Τα κτήρια κατά μήκος του Δυτικού Ανδήρου της Ρωμαϊκής Αγοράς χρονολογούνται στον 1ο και 2ο αιώνα μ.Χ. (Εικ. 35). Σε αντίθεση με τους περισσότερους ναούς των αρχαίων και των ρωμαϊκών χρόνων στην Ελλάδα, οι ναοί αυτοί χτίστηκαν σε ψηλό βάθρο *(podium)* από αδρές πέτρες και ασβεστοκονίαμα. Αρχικά έφεραν μαρμάρινη επένδυση και οι περισσότεροι ήταν προσβάσιμοι από κλίμακα που οδηγούσε στην πρόσοψή τους. Κάθε ναός ήταν πρόστυλος, δηλαδή με μια σειρά κιόνων στο μπροστινό τμήμα. Η διαδρομή που ακολούθησε ο περιηγητής Παυσανίας

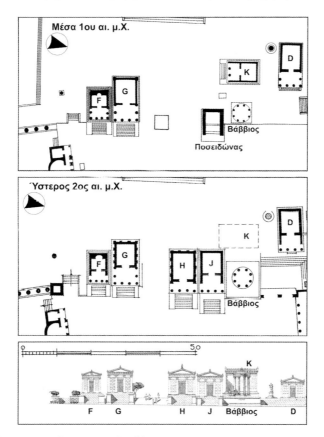

Εικόνα 35. Μνημεία του Δυτικού Ανδήρου της Ρωμαϊκής Αγοράς: κάτοψη των μέσων του 1ου αιώνα μ.Χ. (επάνω), κάτοψη του ύστερου 2ου αιώνα μ.Χ. (μέσο) και όψη της ίδιας περιόδου (κάτω)

στην Κόρινθο (2.2.8) έχει αποτελέσει αντικείμενο διχογνωμίας, αλλά με βάση πρόσφατα αρχαιολογικά δεδομένα, τα μνημεία σε αυτό το σημείο της Αγοράς έχουν ταυτιστεί ως εξής (από τα νότια προς τα βόρεια ή από αριστερά προς τα δεξιά όπως κοιτάζει ο επισκέπτης τους ναούς):

Ναός F: Αφιερωμένος στην Αφροδίτη *Genetrix*. Η Αφροδίτη στον τύπο της *Genetrix* θεωρούνταν πρόγονος της οικογένειας του Ιούλιου Καίσαρα και των απογόνων του, των Ιουλιοκλαυδιανών αυτοκρατόρων.

Ναός G: Αφιερωμένος στον Κλάριο Απόλλωνα.

Ναός H: Ανεγέρθηκε επί αυτοκράτορα Κόμμοδου (180–192 μ.Χ.) και ενδεχομένως να ήταν αφιερωμένος στον Ηρακλή.

Ναός J: Αντικατέστησε την Κρήνη του Ποσειδώνα, με δαπάνη του Βάββιου Φιλίνου επί εποχής Κόμμοδου, και ίσως να ήταν αφιερωμένος στον Ποσειδώνα.

Ναός Κ: Κατεδαφίστηκε στα τέλη του 2ου αιώνα μ.Χ.

Ναός D: Αφιερωμένος στη θεά Τύχη.

🄽 **Καλό είναι ο επισκέπτης να ξεκινήσει την επίσκεψή του από τους Ναούς F και G, που βρίσκονται νότια από το πλατύ σύγχρονο πέρασμα προς τη Ρωμαϊκή Αγορά.**

Οι Ναοί F και G είναι οι παλαιότεροι ναοί που χτίστηκαν εδώ. Ο Ναός F ήταν ιωνικού ρυθμού, με τέσσερις κίονες στην πρόσοψη, πάνω σε κρηπίδωμα με τρεις βαθμίδες. Τα θεμέλια από αργούς λίθους του βάθρου του ναού είναι ορατά από τα δυτικά.

Ο Ναός G πιθανόν ήταν κορινθιακού ρυθμού. Όπως και στην περίπτωση του Ναού F, η πρόσβαση γινόταν με κλίμακα από την Αγορά. Τα θεμέλια από αργούς λίθους του Ναού G είναι επίσης ορατά από τα δυτικά. Η επιγραφή που εκτίθεται στα θεμέλιά του (I-1974-2) έχει συνδεθεί με το Επίμηκες Ορθογώνιο Κτήριο ⑱ στα νότια. Από τα ανατολικά, φαίνονται καλύτερα οι προσόψεις των ναών και γίνεται σαφής ο τρόπος με τον οποίο οι ναοί αυτοί με τα βάθρα υψώνονταν πάνω από το επίπεδο της Ρωμαϊκής Αγοράς. Η θεμελίωση της κλίμακας που οδηγεί στον καθένα διατηρείται ακόμη.

Μπροστά από το Ναό F βρίσκονται διάφορα αρχιτεκτονικά μέλη του: αρκετές βάσεις κιόνων εκτίθενται πάνω στα θεμέλια, ένας γωνιόλιθος οροφής με υδρορροή με τη μορφή λεοντοκεφαλής και με εγκοπή για την τοποθέτηση ακρωτηρίου, καθώς και ένας λίθος από το αέτωμα (I-2144). Ο λίθος φέρει επιγραφή με το ρωμαϊκό όνομα της Αφροδίτης ([VEN]ERI), ενώ είναι ορατό κυκλικό σημάδι με τις γύρω εγκοπές που στήριζαν γλυπτή προτομή μέσα σε κυκλικό πλαίσιο *(clipea ansata)*. Επίσης, μπροστά από το ναό βρίσκεται τμήμα ημικυκλικής βάσης για το λατρευτικό άγαλμα της θεάς.

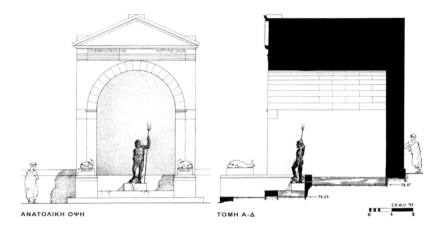

ΑΝΑΤΟΛΙΚΗ ΟΨΗ   ΤΟΜΗ Α-Δ

Εικόνα 36. Όψη και τομή της Κρήνης του Ποσειδώνα

❷ Στη συνέχεια, ο επισκέπτης πρέπει να προχωρήσει στη βόρεια πλευρά της σύγχρονης διόδου που οδηγεί στη Ρωμαϊκή Αγορά για να δει το Ναό Η και το Ναό J, ο οποίος χτίστηκε πάνω από την Κρήνη του Ποσειδώνα.

Η Κρήνη του Ποσειδώνα (Εικ. 36), με την οποία συνδέεται ένα μαρμάρινο δελφίνι Ⓜ, σύμβολο του θεού, χρονολογείται λίγο αργότερα από τους Ναούς F και G και χτίστηκε από το Βάββιο Φιλίνο (Cnaeus Babbius Philinus). Από τη Ρωμαϊκή Αγορά είναι ορατοί οι ισόδομοι λίθοι της θεμελίωσης της κρήνης μπροστά από τα θεμέλια του Ναού J, τα οποία αποτελούνται από το εσωτερικό του βάθρου από αργούς λίθους και τα σκαλοπάτια της ανατολικής πλευράς. Το ενεπίγραφο επιστύλιο (I-2146) που σήμερα εκτίθεται στα θεμέλια της κρήνης ανήκει στο ναό και περιλαμβάνει τμήματα του ονόματος και των τίτλων του Κόμμοδου. Ωστόσο, το μεγαλύτερο μέρος της επιγραφής είχε σβηστεί στην αρχαιότητα ως *damnatio memoriae* του αυτοκράτορα, δηλαδή ως καταδίκη της μνήμης του.

Από το Ναό Η σήμερα τα θεμέλια από αδρούς λίθους και η ισόδομη τοιχοποιία που καλύπτει τα θεμέλια στη δυτική πλευρά του ναού. Πάνω στη θεμελίωση της κλίμακας στην ανατολική πλευρά του ναού εκτίθενται αρκετά κορινθιακά κιονόκρανα, καθώς και ένας ενεπίγραφος θριγκός. Η επιγραφή (I-2145) περιέχει τμήμα των τίτλων του Κόμμοδου, αλλά το όνομά του έχει σβηστεί. Στην τελευταία γραμμή της επιγραφής αναφέρεται ότι ο ναός χτίστηκε σύμφωνα με τους όρους της διαθήκης της Κορνηλίας Βαβίας (Cornelia Baebia), μιας επιφανούς Κορίνθιας. Στο έδαφος, ανατολικά από τα κατάλοιπα του Ναού Η, βρίσκεται ενεπίγραφη βάση (I-438) που αναφέρεται στο Βάββιο και ανήκε στην Κρήνη του Ποσειδώνα. Τόσο ο Ναός Η όσο και ο Ναός J χρονολογούνται στους

ΠΑΥΣΑΝΙΑΣ

Το 2ο αιώνα μ.Χ., ο Έλληνας περιηγητής Παυσανίας περιέγραψε μια επίσκεψή του στην Κόρινθο στο δεύτερο τόμο του 10-τομου έργου του *Ελλάδος Περιήγησις* (Εικ. 37). Το ενδιαφέρον του επικεντρώθηκε στα μνημεία τέχνης και αρχιτεκτονικής που συνάντησε, και επομένως, οι περιγραφές του είναι ιδιαίτερα σημαντικές για τους αρχαιολόγους που προσπαθούν να ταυτίσουν τα ευρήματά τους με τα αρχαία κτήρια που περιέγραψε.

Η βασική δυσκολία στην ταύτιση των περιγραφών του Παυσανία με τα αρχαιολογικά κατάλοιπα έγκειται στο ότι δεν συσχετίζεται πάντα εύκολα το κείμενό του με τα ανεσκαμμένα μνημεία· οι διαδρομές που περιγράφει μπορεί να ακολουθούν κυκλική πορεία στην ίδια αρχαιολογική θέση ή να αλλάζουν απότομα κατεύθυνση και να διακόπτονται από εμβόλιμες αναφορές σε τοπικούς ή δυσνόητους μύθους, θρύλους ή θρησκευτικές τελετουργίες. Ωστόσο, εν μέρει για τους ίδιους λόγους, το κείμενό του διατηρεί πληροφορίες που διαφορετικά θα είχαν χαθεί.

Η περιγραφή της Κορίνθου από τον Παυσανία είναι πολύ χρήσιμη για τους τοπικούς μύθους και τα τοπογραφικά χαρακτηριστικά της περιοχής έξω από τη Ρωμαϊκή Αγορά, αλλά ταυτόχρονα προβληματική σε ό,τι αφορά την ταύτιση των μνημείων που περιγράφει μέσα στην Αγορά με τα ανεσκαμμένα κτήρια που είναι ορατά στο χώρο σήμερα. Η περιγραφή της επίσκεψής του στην πόλη ξεκινά από τα ανατολικά της Ρωμαϊκής Αγοράς, από το Κράνειο ㉓ (2.2.4), κι έπειτα, χωρίς αναφορά στη διαδρομή που ακολούθησε, ξεκινά την περιγραφή της Αγοράς, όπου γράφει ότι υπάρχουν αρκετά ιερά (2.2.6). Και πάλι χωρίς να καταγράψει την πορεία του, περιγράφει έναν ναό της θεάς Τύχης δίπλα στον οποίο βρίσκεται ιερό αφιερωμένο σε όλους τους θεούς, αλλά και μια κρήνη του Ποσειδώνα σε κοντινή απόσταση (2.2.8). Τα κτήρια στο δυτικό άκρο της Ρωμαϊκής Αγοράς ㉕ έχουν ταυτιστεί σύμφωνα με τις περιγραφές του Παυσανία, ωστόσο υπάρχουν ακόμη αμφιβολίες.

Φεύγοντας ο Παυσανίας από τη Ρωμαϊκή Αγορά, πέρασε από τα Προπύλαια ㉟ και από μια αυλή του Απόλλωνα ㊵ (2.3.2–3). Στη συνέχεια, κατά μήκος της Οδού Λεχαίου, περιγράφει ένα λουτρό που έχτισε ο Ευρυκλής, το οποίο ταυτίζεται είτε με το λουτρό ㊷ που αποκαλύφθηκε βόρεια από τον Περίβολο του Απόλλωνα, είτε με το μεγάλο λουτρό στην Οδό Λεχαίου, ακόμα βορειότερα ㊽ (2.3.5).

Εικόνα 37. Χειρόγραφο της Ελλάδος Περιήγησις του Παυσανία (1485)

Έπειτα, περιγράφει μια άλλη οδό που ξεκινά από την Αγορά με κατεύθυνση προς τη Σικυώνα στα δυτικά (2.3.6), η οποία περνά από την Κρήνη της Γλαύκης ❸. Στα βορειοδυτικά, περιγράφει το Θέατρο ❹❼ και πέρα από αυτό το Γυμνάσιο ❺❽, την πηγή Λέρνα και έναν ναό αφιερωμένο στον Ασκληπιό ❺❼ (2.4.5).

Κατά την ανάβασή του στον Ακροκόρινθο, ο Παυσανίας αναφέρεται σε έναν ναό αφιερωμένο στη Δήμητρα και την Κόρη ❹❾, ενώ στην κορυφή του Ακροκορίνθου ❺⓪ σε έναν ναό της θεάς Αφροδίτης (2.4.7–2.9.1).

Εικόνα 38. Σχεδιαστική αναπαράσταση του
Μνημείου του Βαββίου

αυτοκρατορικούς χρόνους του Κόμμοδου, στις δύο τελευταίες δεκαετίες του 2ου αιώνα μ.Χ., και είναι κορινθιακού ρυθμού. Οι τελευταίοι δύο ναοί σε αυτό το σημείο είναι οι Ναοί D και K, κοντά στα Βορειοδυτικά Καταστήματα ⑭. Λιγοστά μόνο κατάλοιπα του Ναού K διατηρούνται πίσω από την πινακίδα που είναι τοποθετημένη στο σύγχρονο μονοπάτι. Από το Ναό D, ο οποίος έφερε τέσσερις κίονες στην πρόσοψη, σώζονται τα θεμέλια του βάθρου, ενώ μικρό τμήμα του αετώματος εκτίθεται στη νότια πλευρά των θεμελίων. Στα νότια του Ναού D δεσπόζουν τα θεμέλια κυκλικής βάσης αγάλματος, σύγχρονης του Μνημείου του Βαββίου. Πιθανόν και οι δύο ναοί χρονολογούνται στο α' μισό του 1ου αιώνα μ.Χ.

Το Μνημείο του Βαββίου ήταν ένας κυκλικός μονόπτερος ναός που χρονολογείται στις αρχές του 1ου αιώνα μ.Χ. (Εικ. 38). Περιλάμβανε οκτώ κίονες κορινθιακού ρυθμού σε κυκλική διάταξη, οι οποίοι στήριζαν το θριγκό και μια κωνική στέγη. Χτίστηκε πάνω σε ψηλό βάθρο από ασβεστοκονίαμα με μαρμάρινη επένδυση αρχικά. Το επιστύλιο που σήμερα εκτίθεται στα θεμέλια του μνημείου, φέρει λατινική επιγραφή που αναφέρει τα εξής (I-428):

Ο Βάββιος Φιλίνος, aedile και pontifex, ανέλαβε την
κατασκευή με δικά του έξοδα και ο ίδιος, με τη θεσμική
ιδιότητά του ως duovir, την ενέκρινε.

Ο Βάββιος Φιλίνος ήταν ένας πλούσιος απελεύθερος ελληνικής καταγωγής που χρημάτισε ανώτατος αξιωματούχος στην περιοχή. Έχτισε και την Κρήνη του Ποσειδώνα που όμως αντικαταστάθηκε επί αυτοκράτορα Κόμμοδου από το Ναό J, ο οποίος ίσως επίσης ήταν αφιερωμένος στον Ποσειδώνα. Από τη Ρωμαϊκή Αγορά διακρίνεται η σωζόμενη θεμελίωση του μνημείου δίνοντας έτσι την αίσθηση του εντυπωσιακού ύψους του.

Γενικά: *Corinth* I.3 (1951), σελ. 3–73· C. K. Williams II και O. Zervos, *Hesperia* 59 (1990), σελ. 351–356. **Επιγραφές για το Βάββιο:** *Corinth* VIII.2 (1931), αρ. 132, *Corinth* VIII.3 (1966), αρ. 155.

ⓖ ΕΚΚΛΗΣΙΑ ΤΟΥ ΑΓΙΟΥ ΙΩΑΝΝΗ

Η Εκκλησία του Αγ. Ιωάννη κατεδαφίστηκε το 1938 προκειμένου να ολοκληρωθεί η ανασκαφή της Ρωμαϊκής Αγοράς μέχρι τα στρώματα των ρωμαϊκών χρόνων (Εικ. 39). Η κατεδάφισή της αποκάλυψε το Μνημείο του Βαββίου.

Η αρχική εκκλησία αποτελούσε τμήμα μοναστικού συγκροτήματος του 13ου αιώνα μ.Χ. που βρισκόταν στο δυτικό άκρο μεγάλης εμπορικής

Εικόνα 39. Η Εκκλησία του Αγ. Ιωάννη, λήψη από τα νοτιοδυτικά, με το Ναό του Απόλλωνα στο βάθος (1935)

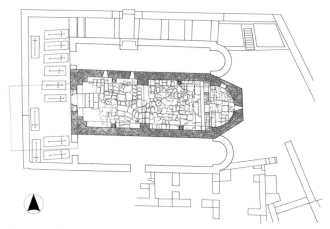

Εικόνα 40. Κάτοψη της Εκκλησίας του Αγ. Ιωάννη: κεντρικό και δύο πλευρικά κλίτη, τάφοι στο νάρθηκα

αγοράς, η οποία επικάλυπτε τη Ρωμαϊκή Αγορά (βλ. Εικ. 11). Ήταν τρίκλιτος ναός με νάρθηκα (Εικ. 40). Μόνο το κεντρικό κλίτος της εκκλησίας ήταν σε χρήση από την εποχή της Οθωμανικής αυτοκρατορίας έως την κατεδάφισή της (Εικ. 41). Η εκκλησία βρισκόταν στην ανατολική πλευρά ενός παλιού χωματόδρομου που οδηγούσε από το σημερινό χώρο στάθμευσης του μουσείου στον Ακροκόρινθο ❺⓿, περνώντας από το δυτικό άκρο της Νότιας Στοάς ❶❾.

Corinth XVI (1957), σελ. 61–66.

Εικόνα 41. Εσωτερικό της Εκκλησίας του Αγ. Ιωάννη, λήψη από τα δυτικά (1937)

Εικόνα 42. Τα Δυτικά Καταστήματα, λήψη από τα νότια. Στο βάθος αριστερά, το μουσείο.

⑰ ΔΥΤΙΚΑ ΚΑΤΑΣΤΗΜΑΤΑ

🅝 Αν ο επισκέπτης πορευθεί προς τα πίσω, ανέβει λίγο την ανηφόρα και κοιτάξει προς το μουσείο, θα δει να εκτείνονται μπροστά του τα κατάλοιπα των Δυτικών Καταστημάτων αριστερά και δεξιά της σύγχρονης ξύλινης σκάλας που οδηγεί στη νότια πλευρά του μουσείου και στον ανοιχτό χώρο μπροστά από το Ναό Ε ❶.

Τα Δυτικά Καταστήματα όριζαν το δυτικό άκρο της Ρωμαϊκής Αγοράς (Εικ. 42). Χρονολογούνται στο γ΄ τέταρτο του 1ου αιώνα μ.Χ. Αρχικά ήταν διώροφα, με 12 καταστήματα στο ισόγειο, έξι σε κάθε πλευρά μιας πλατιάς κλίμακας που ανέβαινε προς την είσοδο του περιβόλου του Ναού Ε. Η κλίμακα αυτή βρίσκεται σήμερα κάτω από τα ξύλινα σκαλοπάτια. Τα καταστήματα αποτελούνταν από θολωτούς θαλάμους, τμήματα των οποίων διατηρούνται ακόμη –οε καλύτερη κατάσταση στα νότια καταστήματα. Τα κορινθιακά κιονόκρανα της κιονοστοιχίας στην πρόσοψη των καταστημάτων ήταν ιδιαίτερα περίτεχνα. Κάθε ένα φέρει μια λαξευμένη μάσκα που αντικαθιστά κάποια από τα φύλλα της ακάνθου, και αναπαριστά γρύπες, φτερωτά λιοντάρια, σειρήνες ή ανθρώπινα πρόσωπα Ⓜ. Ένας σεισμός στα τέλη του 4ου αιώνα μ.Χ. προκάλεσε τόσο σοβαρές ζημιές στην κιονοστοιχία που χρειάστηκε να επισκευαστεί. Σήμερα σώζεται επιγραφή σε τρεις λίθους η οποία μνημονεύει τους αυτοκράτορες Βαλεντινιανό και Ουάλη που διέταξαν τις σχετικές επισκευαστικές εργασίες (I-475, I-1224, I-1355, I-2000, I-2003). Η επιγραφή χρονολογείται είτε μεταξύ 364–375 μ.Χ., είτε μεταξύ 375–378 μ.Χ., ανάλογα με το εάν αναφέρεται στο Βαλεντινιανό Α' ή στο Βαλεντινιανό Β'. Το ένα τμήμα της εκτίθεται στα νότια του σύγχρονου μονοπατιού και τα άλλα δύο βρίσκονται βόρεια της ξύλινης σκάλας.

C. K. Williams II και O. Zervos, *Hesperia* 59 (1990), σελ. 325-369.

⓱ ΝΟΤΙΟΔΥΤΙΚΟ ΤΜΗΜΑ ΤΗΣ ΡΩΜΑΪΚΗΣ ΑΓΟΡΑΣ

Νοτιότερα η νοτιοδυτική γωνία της Ρωμαϊκής Αγοράς (Εικ. 43) είναι ένας χώρος με πολλά κτήρια, το μεγαλύτερο μέρος του οποίου δεν είναι προσβάσιμο σήμερα.

Εξαιτίας των πολλών διαδοχικών επιπέδων στο σημείο αυτό είναι ιδιαίτερα περίπλοκη η διάκριση κτηριακών καταλοίπων και οικοδομικών φάσεων. Ωστόσο, διατηρούνται κατάλοιπα αρκετών κτισμάτων ιδιαίτερης σημασίας για το χώρο, τα σημαντικότερα από τα οποία περιγράφονται παρακάτω με χρονολογική σειρά.

🗹 Επειδή ένα μεγάλο μέρος του Νοτιοδυτικού Τμήματος της Ρωμαϊκής Αγοράς είναι κλειστό για το κοινό, θεωρείται ως η καλύτερη λύση για τον επισκέπτη να επιστρέψει στο σύγχρονο μονοπάτι ανάμεσα στους Ναούς G και Η και να στρίψει δεξιά με κατεύθυνση προς τη Νότια Στοά ⓳. Από το εσωτερικό της νοτιοδυτικής γωνίας της Στοάς, μπροστά του και στο εσωτερικό της περιφραγμένης περιοκής, θα δει τα εξής.

ΙΕΡΟ ΣΤΗΛΗΣ   Το Ιερό Στήλης χτίστηκε στα μέσα του 6ου αιώνα π.Χ. και περιλαμβάνει τετράγωνο τέμενος που περικλείεται από τοίχο (Εικ. 43). Μέσα στο τέμενος βρέθηκε στήλη, ίχνη καμένων αναθημάτων και τράπεζα προσφορών. Όλα αυτά αποτελούν ενδείξεις τελετουργιών που λάμβαναν χώρα ίσως προς τιμήν ενός τοπικού ήρωα (Εικ. 44). Στα τέλη του 4ου αιώνα π.Χ., η ανατολική πλευρά του ιερού κατεδαφίστηκε προκειμένου να κατασκευαστεί εκεί η Νότια Στοά ⓳, αλλά το ιερό συνέχισε να χρησιμοποιείται με αυτό το ακανόνιστο σχήμα και με τον τοίχο της Στοάς ως νέο όριό του έως τα τέλη του 3ου αιώνα π.Χ. ή και αργότερα (Εικ. 45).

ΠΕΝΤΑΓΩΝΙΚΟ ΚΤΗΡΙΟ   Ανεγέρθηκε κατά το β' ή γ' τέταρτο του 5ου αιώνα π.Χ. και βρίσκεται κάτω από το νότιο πύργο των Δυτικών Καταστημάτων ⓱. Η θεμελίωσή του έχει λαξευτεί στο φυσικό βράχο, ο οποίος σε ορισμένα σημεία αποτελούσε το δάπεδο της πρώτης οικοδομικής φάσης του κτηρίου. Αργότερα μέσα στον 5ο αιώνα π.Χ., όταν χτίστηκε και το Λουτρό του Κενταύρου (βλ. παρακάτω), ένα στενό πέρασμα 90 εκ. ανάμεσα στα κτήρια επέτρεπε την πρόσβαση σε αυτά (Εικ. 43). Η χρήση του κτηρίου παραμένει άγνωστη.

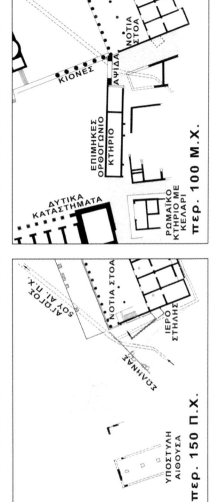
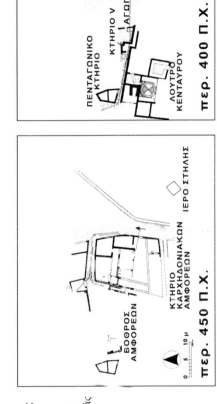

Εικόνα 43. Κατόψεις τεσσάρων οικοδομικών φάσεων στο Νοτιοδυτικό Τμήμα της Ρωμαϊκής Αγοράς

Εικόνα 44. Το Ιερό Στήλης, λήψη από τα βόρεια. Στο κέντρο του κάτω τμήματος της φωτογραφίας, δύο σχεδόν παράλληλοι λίθοι στήριζαν την τράπεζα προσφορών. Αριστερά, ο τοίχος της Νότιας Στοάς τέμνει την ανατολική πλευρά του Ιερού.

Εικόνα 45. Κάτοψη του Ιερού Στήλης: αμφορέας βυθισμένος στο έδαφος σε στρώμα που προηγείται του Ιερού (δεκαετία του 580 ή 570 π.Χ.), δύο στηρίγματα της τράπεζας προσφορών (α' μισό του 4ου αιώνα π.Χ.), και ο τοίχος της Νότιας Στοάς (χτίστηκε στον ύστερο 4ο αιώνα π.Χ.)

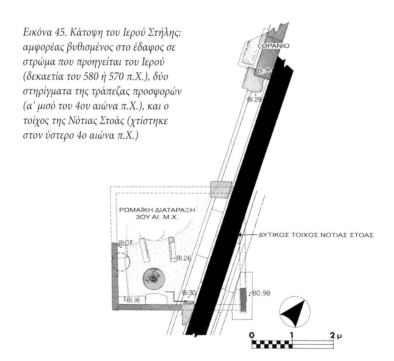

ΚΤΗΡΙΟ ΤΩΝ ΚΑΡΧΗΔΟΝΙΑΚΩΝ ΑΜΦΟΡΕΩΝ Πρόκειται για κτήριο εμπορικών δραστηριοτήτων που βρισκόταν κοντά σε πολυσύχναστη διασταύρωση τριών δρόμων (Εικ. 43). Χρονολογείται στα μέσα του 5ου αιώνα π.Χ. και όταν αποκαλύφθηκε περιείχε τόνους θραυσμάτων από αμφορείς, τόσο τοπικών εργαστηρίων από την Κόρινθο, όσο και εισηγμένους από άλλες περιοχές της Ελλάδας ή άλλων περιοχών εκτός του ελλαδικού χώρου Ⓜ. Από τους εισηγμένους αμφορείς, οι ελληνικοί προέρχονταν από πόλεις που εξήγαγαν εξαιρετικό κρασί, ενώ οι υπόλοιποι μαρτυρούν ότι εκείνη την περίοδο η Κόρινθος ήταν κόμβος εμπορίου παστών ψαριών από την Ισπανία. Τα ψάρια μεταφέρονταν μέσα σε καρχηδονιακούς αμφορείς που κατασκευάζονταν στο Μαρόκο.

ΛΟΥΤΡΟ ΤΟΥ ΚΕΝΤΑΥΡΟΥ Πρόκειται για ένα από τα πρωιμότερα δημόσια λουτρά της Ελλάδας (Εικ. 43). Χτίστηκε στα τέλη του 5ου αιώνα π.Χ. και εγκαταλείφθηκε στα τέλη του 4ου αιώνα π.Χ. Αξίζει να σημειωθεί δε ότι υπήρξε το πιο περίτεχνο λουτρό της εποχής του. Τα κατάλοιπά του περιλαμβάνουν κλίβανο, δίκτυο υδραγωγών, κεντρικό δωμάτιο με ψηφιδωτό δάπεδο και –σπάνιο για λουτρό– χώρο εστίασης (Εικ. 46). Το βοτσαλωτό δάπεδο του κεντρικού δωματίου περιέχει κεντρικό πλαίσιο με ασπρόμαυρο τροχό ο οποίος εγγράφεται σε τετράγωνο. Δύο από τις γωνίες του τετραγώνου διατηρούνται μέχρι σήμερα (Εικ. 47): στη μια διακρίνεται κένταυρος, από τον οποίο πήρε το όνομά του το λουτρό, και στην άλλη ένας γάιδαρος. Το δάπεδο αυτό είναι ένα από τα αρχαιότερα βοτσαλωτά δάπεδα διακοσμημένα με μορφές που έχουν έρθει στο φως σε ολόκληρη την Ελλάδα.

ΥΠΟΣΤΥΛΗ ΑΙΘΟΥΣΑ Στα μέσα του 2ου αιώνα π.Χ. μια υπόστυλη αίθουσα κάλυψε την ανατολική πλευρά του Λουτρού του Κενταύρου (Εικ. 43). Με βάση τα θραύσματα από δύο άβακες (αριθμητήρια) που αποκαλύφθηκαν στο δάπεδο του κτηρίου, ένα από τα οποία φέρει την επιγραφή «ΔΑΜΟΣΙΑ ΚΟΡΙΝΘΙΟΝ», ίσως πρόκειται για δημόσιο λογιστήριο ή φορολογική υπηρεσία (Εικ. 48). Μόνο το βόρειο άκρο του έχει ανασκαφεί, το οποίο περιλαμβάνει τρεις κεντρικούς πεσσούς.

ΡΩΜΑΪΚΟ ΚΤΗΡΙΟ ΣΥΝΕΣΤΙΑΣΕΩΝ ΜΕ ΚΕΛΑΡΙ Πολυάριθμα μαγειρικά σκεύη, αγγεία πόσης, πιατέλες σερβιρίσματος και πιάτα που αποκαλύφθηκαν σε αυτό το κτίσμα υποδηλώνουν ότι πρόκειται για δημόσιο κτήριο συνεστιάσεων ή ταβέρνα που χρονολογείται στα τέλη του 1ου αιώνα π.Χ. ή στις αρχές του 1ου αιώνα μ.Χ. (Εικ. 47, 49). Μετά από φθορές που προκλήθηκαν από σεισμό γύρω στο 22/3 μ.Χ., το κτήριο επισκευάστηκε και συνέχισε να χρησιμοποιείται μέχρι τον 4ο αιώνα μ.Χ. Η λειτουργία του την τελευταία αυτή περίοδο παραμένει άγνωστη.

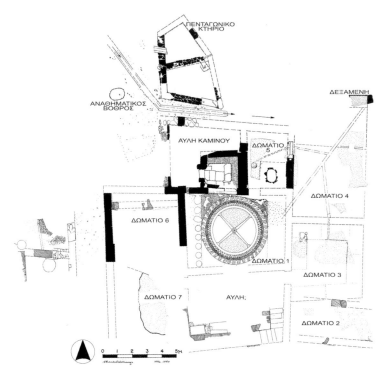

Εικόνα 46. Κάτοψη του Λουτρού του Κενταύρου (μερικώς αποκατεστημένο)

Εικόνα 47. Ψηφιδωτό δάπεδο του κεντρικού δωματίου του Λουτρού του Κενταύρου (τμήμα του καταστράφηκε από το Ρωμαϊκό Κτήριο Συνεστιάσεων της εποχής του Τιβέριου στα δεξιά)

Εικόνα 48. Κάτω τμήμα άβακα από την Υπόστυλη Αίθουσα με επιγραφή που πιστοποιεί το κτήριο ως δημόσια ιδιοκτησία της πόλης (I-1206)

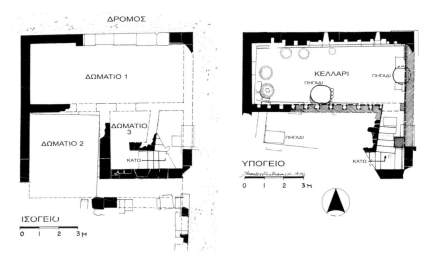

Εικόνα 49. Κάτοψη του Ρωμαϊκού Κτηρίου Συνεστιάσεων

ΚΙΟΝΕΣ, ΑΨΙΔΑ ΚΑΙ ΕΠΙΜΗΚΕΣ ΟΡΘΟΓΩΝΙΟ ΚΤΗΡΙΟ Δύο ενδιαφέροντα μνημεία βρίσκονται στη βορειοδυτική γωνία της Νότιας Στοάς: μια κιονοστοιχία που εν μέρει αποτελείται από επαναχρησιμοποιημένους κίονες από το Ναό του Απόλλωνα ❹ και μια αψίδα στο δρόμο που ανεβαίνει προς τον Ακροκόρινθο ❺⓿, δυτικά της Στοάς (Εικ. 43). Σήμερα είναι ορατές ασβεστολιθικές πλάκες από την πλακόστρωση του δρόμου, οι οποίες διατηρούνται πάνω σε τμήματα της θεμελίωσης του δρόμου στα δυτικά της Νότιας Στοάς. Η αψίδα παραπέμπει σε μια μικρή αλλαγή στον προσανατολισμό του χώρου: τα θεμέλιά της χτίστηκαν πάνω στο στυλοβάτη της κιονοστοιχίας των αρχαϊκών κιόνων, οι οποίοι αφαιρέθηκαν από το Ναό του Απόλλωνα και επαναχρησιμοποιήθηκαν σ' αυτό εδώ το σημείο μετά την ανακαίνιση του ναού στη ρωμαϊκή εποχή. Η αψίδα περιλάμβανε

Εικόνα 50 (πάνω). Σχεδιαστική αναπαράσταση της αψίδας δυτικά της Νότιας Στοάς, από τα βόρεια

Εικόνα 51 (δεξιά). Σχεδιαστική αναπαράσταση κίονα με φύλλα ακάνθου που βρέθηκε κοντά στο Επίμηκες Ορθογώνιο Κτήριο

μονή πύλη πλάτους περίπου 4,50 μ. (Εικ. 50) και τα θεμέλιά της διακρίνονται πίσω από το νοτιότερο κίονα, σε γωνία προς τα βορειοδυτικά.

Στη δυτική πλευρά της αψίδας βρίσκεται το σύγχρονό της Επίμηκες Ορθογώνιο Κτήριο (Εικ. 43), το οποίο χτίστηκε στα τέλη του 1ου αιώνα μ.Χ. και συνέχισε να χρησιμοποιείται –τουλάχιστον το δυτικό άκρο του που όμως άλλαξε σε μεγάλο βαθμό– μέχρι τον 6ο αιώνα μ.Χ. Παρά το επίμηκες σχήμα του, το κτήριο αυτό δεν ήταν στοά· ήταν περίκλειστο και ενδεχομένως στήριζε ενεπίγραφο μαρμάρινο επιστύλιο (Ι-1974-2) από την εποχή των Αντωνίνων (μέσα–τέλη 2ου αιώνα μ.Χ.). Θραύσματα κιόνων διακοσμημένων με φύλλα ακάνθου Ⓜ που αποκαλύφθηκαν βόρεια του κτηρίου υποδηλώνουν ότι ένας ελεύθερα ιστάμενος κίονας βρισκόταν κοντά στο ανατολικό άκρο του κτηρίου κι ένας άλλος κοντά στο δυτικό άκρο του (Εικ. 51).

Ιερό Στήλης: C. K. Williams II, *Hesperia* 47 (1978), σελ. 1–12. **Πενταγωνικό Κτήριο:** C. K. Williams II και J. Fisher, *Hesperia* 45 (1976), σελ. 108. **Κτήριο των Καρχηδονι-**

ακών Αμφορέων: M. Z. Munn, *Corinth* XX (2003), σελ. 195–218· C. K. Williams II, *Hesperia* 49 (1980), σελ. 107–134. **Λουτρό του Κενταύρου**: C. K. Williams II, *Hesperia* 46 (1977), σελ. 40–81. **Υπόστυλη Αίθουσα**: C. K. Williams II, *Hesperia* 46 (1977), σελ. 40–81. **Ρωμαϊκό Κτήριο Συνεστιάσεων με Κελάρι**: K. S. Wright, *Hesperia* 49 (1980), σελ. 135–177· K. W. Slane, *Hesperia* 55 (1986), σελ. 271–318. **Κιονοστοιχία και αψίδα**: *Corinth* I.4 (1954), σελ. 155· C. A. Pfaff, *Corinth* XX (2003), σελ. 114· C. K. Williams II και J. E. Fisher, *Hesperia* 45 (1976), σελ. 127–137. **Ενεπίγραφο επιστύλιο**: C. K. Williams II και J. E. Fisher, *Hesperia* 44 (1975), αρ. 20.

⑲ ΝΟΤΙΑ ΣΤΟΑ

ℕ Θεωρείται προτιμότερο η επίσκεψη στη Νότια Στοά να ξεκινήσει από τη νοτιοδυτική γωνία της, μπροστά από τον περισχοινισμένο χώρο.

Η Νότια Στοά υπήρξε η μεγαλύτερη στοά στην Ελλάδα την περίοδο κατασκευής της (περ. 300 π.Χ.) με μήκος 165 μ. και πλάτος περίπου 25 μ. (Εικ. 52). Στην πρόσοψή της υπήρχαν 71 δωρικοί κίονες και πίσω τους βρισκόταν εσωτερική κιονοστοιχία με 34 ιωνικούς κίονες (Εικ. 53). Ορισμένοι από τους σπονδύλους των δωρικών κιόνων εκτίθενται σήμερα στα θεμέλιά τους, ενώ αρκετές βάσεις ιωνικών κιόνων σώζονται κατά μήκος της Στοάς. Οι κίονες στήριζαν ανοικτή στοά, πίσω από την οποία υπήρχαν 33 χώροι που αποτελούνταν από δύο μέρη, μπροστινό και μεγαλύτερο και οπίσθιο δωμάτιο. Όλα τα μπροστινά δωμάτια, εκτός από δύο, περιλάμβαναν πηγάδι. Αρκετά μέτρα κάτω από το έδαφος της Στοάς, νότια των πηγαδιών, υπήρχε υδραγωγείο που τροφοδοτούσε την Κρήνη της Πειρήνης **㊲**, ενώ τα πηγάδια των δωματίων συνδέονταν κι αυτά με το υδραγωγείο με μικρές σήραγγες. Από την κεραμική που συλλέχθηκε στα δωμάτια και στα πηγάδια συμπεραίνουμε ότι σε πολλούς από τους χώρους αυτούς λάμβαναν χώρα γεύματα και σε άλλους εμπορικές δραστηριότητες. Ορισμένα δωμάτια ίσως ήταν καταστήματα και άλλα χώροι εστίασης. Επίσης, έχει διατυπωθεί η άποψη ότι τα δωμάτια του πάνω ορόφου χρησιμοποιούνταν ως υπνοδωμάτια ή χώροι αναψυχής, αν και η ακριβής μορφή τους παραμένει άγνωστη.

Κατά τη ρωμαϊκή εποχή, η Νότια Στοά σταδιακά άλλαξε μορφή καθώς με τον καιρό η μορφή των δωματίων διαφοροποιήθηκε. Ενώ σε

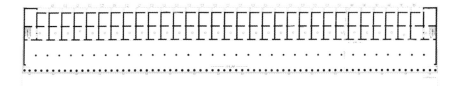

Εικόνα 52. Κάτοψη της αρχικής οικοδομικής φάσης της Νότιας Στοάς

Εικόνα 53. Ανασκαφείς επί τω έργω στο χώρο της ιωνικής κιονοστοιχίας της Νότιας Στοάς, λήψη από τα δυτικά (1952)

ορισμένα σημεία η αρχική κατασκευή παρέμεινε η ίδια, άλλα διαμορφώθηκαν εντελώς διαφορετικά με νέες αρχιτεκτονικές διευθετήσεις (Εικ. 54). Ξεκινώντας από το δυτικό άκρο της Στοάς, τα τρία πρώτα δωμάτια διατήρησαν την αρχική τους μορφή και ίσως και την αρχική τους λειτουργία ως καταστήματα. Ένα από τα πηγάδια είναι σήμερα ορατό στο τρίτο δωμάτιο.

Μετά από τα δωμάτια αυτά υπάρχει ρωμαϊκό αποχωρητήριο (Εικ. 54: J) με προθάλαμο που οδηγεί σε μεγαλύτερο δωμάτιο στα νότια, το οποίο περιλάμβανε κιονοστοιχία που στήριζε την οροφή του. Αρκετά θραύσματα από μαρμάρινες πλάκες με κυκλικές οπές που αποκαλύφθηκαν στο σημείο, καθώς και αγωγός που ανασκάφηκε στο δάπεδο κατά μήκος των τοίχων, υποδηλώνουν ότι υπήρχαν θέσεις για τους χρήστες του αποχωρητηρίου στις τέσσερις πλευρές του δωματίου και ότι τα απόβλητα απομακρύνονταν μέσω του αγωγού. Στο δάπεδο του προθαλάμου αποκαλύφθηκαν αρκετοί τάφοι που λαξεύτηκαν εκεί τον 8ο ή τον 9ο αιώνα μ.Χ.

Ανατολικά του αποχωρητηρίου βρίσκεται λουτρό (Εικ. 54: Ι) που χρονολογείται στον 5ο αιώνα μ.Χ. Οι επισκέπτες εισέρχονταν σε αυτό περνώντας από μεγάλο *frigidarium*, όπου διατηρείται τμήμα του αρχικού τοίχου της στοάς (4ος αιώνας π.Χ.) σε ύψος έως δύο σειρών λίθων πάνω από τον ορθοστάτη. Το *frigidarium*, το οποίο χρησίμευε και ως *apodyterium* (αποδυτήριο), είχε δύο μικρούς λουτήρες στην ανατολική του πλευρά.

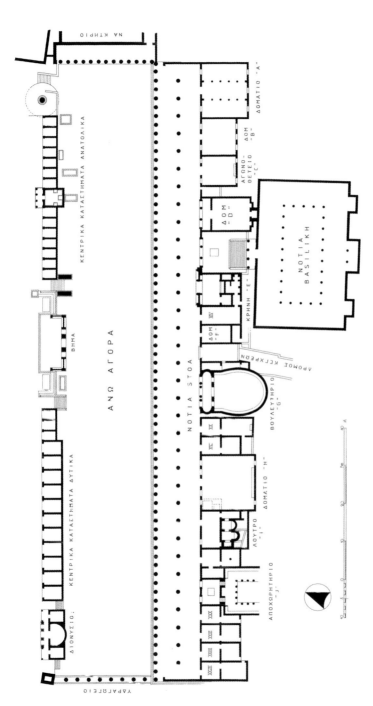

Εικόνα 54. Κάτοψη της Νότιας Στοάς με τις τροποποιήσεις της ρωμαϊκής εποχής. Στα βόρεια, το Βήμα του Αποστόλου Παύλου και τα Κεντρικά Καταστήματα.

Εικόνα 55. Το υπόκαυστο του caldarium στο λουτρό
της Νότιας Στοάς, λήψη από τα βόρεια. Η αψίδα στο
πίσω μέρος του δωματίου (εν μέρει αποκατεστημένη)
οδηγούσε σε μικρό δωμάτιο στα νότια που περιλάμβανε
κλίβανο (1937).

Τρία συνεχόμενα δωμάτια στα νότια, σε κάποια από τα οποία υπήρχαν
λουτήρες, ζεσταίνονταν από κλιβάνους που βρίσκονταν σε βοηθητικούς
χώρους στα νότια και στα δυτικά (Εικ. 55).
    Ακολουθεί το λεγόμενο Μαρμάρινο Δωμάτιο (Εικ. 54: Η, 56), ένας
μεγάλος χώρος επενδυμένος με γκρίζο, λευκό και ροδαλό μάρμαρο στους
τοίχους και δάπεδο από λεπτές πλάκες μαρμάρου. Στη βάση των τοίχων
διακρίνεται διακοσμητικό κυμάτιο από το ίδιο υλικό σε λευκό χρώμα. Η
λειτουργία του πολυτελούς αυτού δωματίου παραμένει άγνωστη.
    Τα επόμενα δύο δωμάτια προς τα ανατολικά ίσως χρησίμευαν ως
Σεραπείο, με βάση την κεφαλή του Σέραπι (ελληνο-αιγυπτιακού θεού)
που βρέθηκε εκεί (Εικ. 57) Ⓜ.
    Το ελλειπτικό κτίσμα κοντά στο κέντρο της Νότιας Στοάς έχει ταυ-
τιστεί με Βουλευτήριο (χώρος συνάθροισης της βουλής) (Εικ. 54: G,
58). Στο στενό προθάλαμο με δύο ζευγάρια κιόνων στην πρόσοψη,
σήμερα εκτίθεται ένας togatus (μαρμάρινο άγαλμα τηβεννοφόρου). Από
τον προθάλαμο, τρεις θύρες οδηγούσαν σε μεγάλο αψιδωτό δωμάτιο.

Εικόνα 56. Το Μαρμάρινο Δωμάτιο της Νότιας Στοάς, λήψη από τα βόρεια. Στο πίσω μέρος είναι ορατή η βάση θρανίου (dais) χτισμένου κατά μήκος του νότιου τοίχου του δωματίου (1936).

Εικόνα 57. Κεφαλή Σέραπι από τη Νότια Στοά

Αρκετά τμήματα μαρμάρινων εδράνων σώζονται σήμερα –ορισμένα ορατά στο πίσω μέρος του δωματίου– και υποδηλώνουν ότι ένα ενιαίο θρανίο περιέτρεχε τον εσωτερικό τοίχο του κτίσματος. Πιθανόν το Βουλευτήριο ανάγεται χρονικά στα τέλη του 2ου αιώνα μ.Χ.

Ανατολικά του Βουλευτηρίου βρίσκεται ο δρόμος που οδηγούσε έξω από τη Ρωμαϊκή Αγορά και προς την Πύλη των Κεγχρεών, διασχίζοντας τμήμα της πόλης που κάποτε ήταν πυκνοκατοικημένο. Ο δρόμος είναι σχεδόν ευθυγραμμισμένος με την Οδό Λεχαίου ㊱, βόρεια της Ρωμαϊκής Αγοράς, και είναι στρωμένος με βαριές πλάκες ασβεστόλιθου.

Εικόνα 58. Το Βουλευτήριο στη Νότια Στοά, λήψη από τα βόρεια (1935)

Ανατολικά του δρόμου υπάρχει μια κρήνη (Εικ. 54: E) που σήμερα καλύπτεται από στέγαστρο. Περιλάμβανε μεγάλο θάλαμο με δεξαμενή ανάμεσα σε δυο κόγχες στους τοίχους και ήταν περίτεχνα διακοσμημένη με πολύχρωμη μαρμάρινη επένδυση. Αρκετά τμήματα της επένδυσης αυτής διατηρούνται ακόμη, όπως διακοσμητικό κυμάτιο από τη βάση του τοίχου περίτεχνα λαξευμένο με γιρλάντες από φύλλα δάφνης ή φύλλα μυρτιάς. Πίσω από το θάλαμο υπήρχε βοηθητικός χώρος συλλογής του νερού.

Στα ανατολικά της κρήνης βρίσκεται η είσοδος της Νότιας Βασιλικής ❷⓿, η οποία περιγράφεται παρακάτω.

Τα υπόλοιπα δωμάτια στα ανατολικά της εισόδου της Νότιας Βασιλικής έχουν ταυτιστεί με διοικητικά γραφεία. Η αρχιτεκτονική μορφή των δωματίων πιθανόν διαμορφώθηκε κατά την πρωιμότερη ανακαίνιση της Στοάς από τους Ρωμαίους, τον 1ο αιώνα μ.Χ. Ένα από αυτά τα δωμάτια (Εικ. 54: C, καλύπτεται με στέγαστρο) περιλαμβάνει ψηφιδωτό δάπεδο σε καλή κατάσταση που απεικονίζει νικητή αγώνων να κρατά κλαδί φοίνικα και να στέκεται μπροστά σε καθιστή, εν μέρει ενδεδυμένη γυναικεία θεότητα (Εικ. 59). Πρόσφατα, το ψηφιδωτό χρονολογήθηκε στην περίοδο βασιλείας της δυναστείας των Σεβήρων (193-235 μ.Χ.) και υποδηλώνει ότι ίσως το δωμάτιο λειτούργησε τότε ως αγωνοθετείο (γραφείο των αγωνοθετών, διοργανωτών των Ισθμίων). Δύο επιγραφές προς τιμήν αγωνοθετών, μία από τις οποίες βρέθηκε στη Νότια Στοά, εκτίθενται στο μουσείο (I-34, I-1216) Ⓜ.

Εικόνα 59. Λεπτομέρεια του ψηφιδωτού δαπέδου από το αγωνοθετείο της Νότιας Στοάς

Εικόνα 60. Αποκατεστημένο τμήμα της στέγης της Νότιας Στοάς

Τμήμα της αρχικής στέγης της Νότιας Στοάς είχε ανακατασκευαστεί για την καλύτερη παρουσίασή της στους επισκέπτες και περιλάμβανε σίμες, υδρορροές με τη μορφή λεοντοκεφαλής και ακρωτήρια με τη μορφή ανθεμίων (Εικ. 60). Σήμερα, το τμήμα αυτό της στέγης έχει αποσυναρμολογηθεί λόγω των εργασιών συντήρησης του ψηφιδωτού δαπέδου που βρίσκονται σε εξέλιξη.

Corinth I.4 (1954).

Εικόνα 61. Η είσοδος της Νότιας Βασιλικής, λήψη από τα βόρεια (1947)

⑳ ΝΟΤΙΑ ΒΑΣΙΛΙΚΗ

Η Νότια Βασιλική βρίσκεται ακριβώς στα νότια της Νότιας Στοάς ⑲ και χρονολογείται στο β΄ ή γ΄ τέταρτο του 1ου αιώνα μ.Χ. (ανάμεσα στο 25–75 μ.Χ.). Η είσοδος στη βασιλική από την κιονοστοιχία της Νότιας Στοάς περνούσε μέσα από δίστυλη εν παραστάσι μνημειώδη πρόσοψη με κορινθιακούς κίονες ανάμεσα στα δωμάτια D και E (Εικ. 54, 61, 62) που οδηγούσε σε αυλή. Από εκεί μια πλατιά κλίμακα από ασβεστοκονίαμα με μαρμάρινη επένδυση οδηγούσε σε μεγάλο δωμάτιο με κορινθιακούς κίονες στις τέσσερις πλευρές, οι οποίοι στήριζαν οροφή με φωταγωγούς πάνω από τον κεντρικό χώρο του κτίσματος. Κάτω από τα κλίτη που περιέβαλαν την κιονοστοιχία υπήρχε ένας υπόγειος θολωτός διάδρομος ή κρυπτοστοά *(cryptoporticus)* που χρησίμευε ως αποθηκευτικός χώρος. Σήμερα είναι ορατές οι βάσεις των κιόνων της πρόσοψης και οι βάσεις των παραστάδων, ενώ πίσω από αυτές διακρίνεται το υπόγειο της βασιλικής με το δάπεδο του υπόγειου θολωτού διαδρόμου (Εικ. 63, 64).

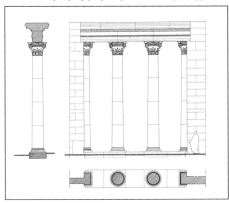

Εικόνα 62. Όψη της εισόδου της Νότιας Βασιλικής

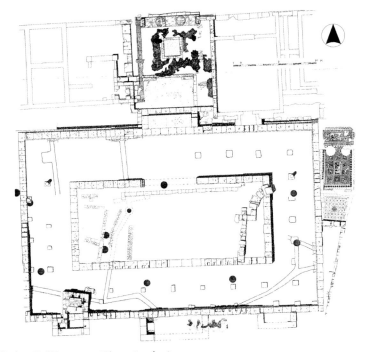

Εικόνα 63. Κάτοψη της Νότιας Βασιλικής

Εικόνα 64. Η Νότια Βασιλική, λήψη από τα νοτιοδυτικά (1947)

Ο ίδιος σεισμός που κατέστρεψε την κιονοστοιχία των Δυτικών Καταστημάτων **⑰** στα τέλη του 4ου αιώνα μ.Χ. προκάλεσε πιθανώς φθορές και στην είσοδο της βασιλικής. Μια ακόμη επιγραφή (I-1499) είχε λαξευτεί προς τιμήν των αυτοκρατόρων Βαλεντινιανού Α' ή Β' και Ουάλη (364-375 μ.Χ. ή 375-378 μ.Χ.), ως ευεργετών χάρη στους οποίους πραγματοποιήθηκαν οι επισκευαστικές εργασίες. Τον 5ο αιώνα μ.Χ. το κτήριο καταστράφηκε. Μία οικία οικοδομήθηκε πάνω από το αντολικό άκρο του υπόγειου θολωτού διαδρόμου.

Corinth I.5 (1960), σελ. 58-77.

㉑ ΝΟΤΙΟΑΝΑΤΟΛΙΚΟ ΚΤΗΡΙΟ

⚡ Ο επισκέπτης πρέπει να ακολουθήσει το μονοπάτι μετά το στέγαστρο και να κατευθυνθεί στο ανατολικό άκρο της Νότιας Στοάς. Στο σημείο όπου το μονοπάτι στρίβει προς τα βόρεια θα δει τμήμα των σκαλοπατιών του προστώου του Νοτιοανατολικού Κτηρίου σε ορθή γωνία με τη Στοά.

Ένα *portico* (προστώο) με κίονες όριζε το ανατολικό άκρο της Ρωμαϊκής Αγοράς (Κάτοψη 6) και ταυτόχρονα αποτελούσε την είσοδο προς το Νοτιοανατολικό Κτήριο. Στην αρχική του μορφή (πιθανότατα το β' μισό του 1ου αιώνα π.Χ.) το κτήριο περιλάμβανε δύο ομάδες από τρία δωμάτια, τοποθετημένα εκατέρωθεν κεντρικού διαδρόμου (Εικ. 65). Ενδεχομένως το κτήριο ήταν Αρχείο ή Βιβλιοθήκη. Στις ανασκαφές εκεί βρέθηκαν θραύσματα τοιχογραφίας που απεικονίζουν το μύθο του Βριάρεω ως κριτή στη διαμάχη μεταξύ Ήλιου και Ποσειδώνα για το ποιος θα κερδίσει τον έλεγχο της Κορίνθου (Παυσανίας 2.1.6).

Την πρώτη δεκαετία του 1ου αιώνα μ.Χ., τμήμα του κτηρίου κατεδαφίστηκε προκειμένου να ανεγερθεί η Ιουλία Βασιλική στα βόρεια,

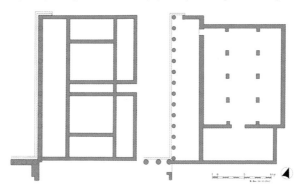

Εικόνα 65. Κατόψεις του Νοτιοανατολικού Κτηρίου: β' μισό του 1ου αιώνα π.Χ. (αριστερά) και β' τέταρτο του 1ου αιώνα μ.Χ. (δεξιά)

ενώ το β' τέταρτο του ίδιου αιώνα ανοικοδομήθηκε βάσει διαφορετικού σχεδίου (Εικ. 65). Μια θύρα στο βόρειο άκρο του προστώου οδηγούσε σε αίθουσα την οποία εσωτερικά στηρίγματα χώριζαν σε τρία κλίτη, ενώ στο νότιο άκρο εγκάρσιος χώρος ήταν προσβάσιμος από το κεντρικό κλίτος. Σύμφωνα με επιγραφή (I-647) που έφεραν στο φως οι ανασκαφές, το κτήριο αποτελούσε άλλο ένα ευεργέτημα του Βάββιου Φιλίνου. Ο ίδιος ανήγειρε το ομώνυμο μνημείο και την Κρήνη του Ποσειδώνα στο δυτικό άκρο της Ρωμαϊκής Αγοράς ⑮. Τέλος, τρία τμήματα ενεπίγραφου μαρμάρινου επιστυλίου (I-36 + I-932, I-677) που εκτίθενται μπροστά από το Νοτιοανατολικό Κτήριο, ενδεχομένως ανήκαν σε αυτό και αναφέρονται στον ευεργέτη του, Βάββιο Φιλίνο, ο οποίος περιγράφεται ως *pontifex* και *duumvir*.

Corinth I.5 (1960), σελ. 1–31· Corinth VIII.2 (1931), αρ. 100, 122.

㉒ ΚΥΚΛΙΚΟ ΜΝΗΜΕΙΟ

🄽 Ακολουθώντας το μονοπάτι προς τα βόρεια, ο επισκέπτης θα συναντήσει το Κυκλικό Μνημείο στα αριστερά του.

Το Κυκλικό Μνημείο χτίστηκε πιθανόν στην κλασική εποχή, αλλά το κτίσμα που είναι ορατό σήμερα ανάγεται στη ρωμαϊκή. Στην πρωιμότερη ρωμαϊκή φάση, υπερυψωμένη κυκλική πλατφόρμα, ύψους 2 μ. και διαμέτρου 9 μ., στήριζε ασβεστολιθικό σπόνδυλο κίονα διαμέτρου 2,15 μ. Αργότερα, στη βόρεια και δυτική πλευρά της πλατφόρμας προστέθηκε ορθογώνια θεμελίωση (Εικ. 66), ενώ οι τοίχοι επενδύθηκαν με μάρμαρο που εν μέρει διατηρείται ακόμη. Όταν κατασκευάστηκαν τα Κεντρικά Καταστήματα ㉘, η δυτική πλευρά αναδιαμορφώθηκε για να χτιστεί το ανατολικότερο κατάστημα. Ο Oscar Broneer πίστευε ότι ο αρχικός κίονας ήταν πολύ ψηλότερος και ότι το Κυκλικό Μνημείο απεικονίζεται στα κορινθιακά νομίσματα των Αντωνίνων και των Σεβήρων. Σήμερα είναι ορατή η θεμελίωση καθώς και ο πρώτος σπόνδυλος του κίονα.

Το Κυκλικό Μνημείο ανασκάφηκε το 1892 και το 1896. Αποτελεί ένα από τα πρωιμότερα καταγεγραμμένα μνημεία της Κορίνθου: ο Sebastian Ittar, αρχιτέκτονας του Λόρδου Έλγιν, σε μια επίσκεψή του στην Κόρινθο το 1802, είχε αποτυπώσει ένα δεύτερο, ψηλότερο τμήμα του κίονα. Με βάση το σχέδιο αυτό, ο William Dinsmoor Sr. αποκατέστησε έναν κίονα με πολύ πιο μικρό ύψος και αποσύνδεσε το Κυκλικό Μνημείο από τα νομίσματα που προαναφέρθηκαν.

Corinth I.3 (1951), σελ. 79–85· C. K. Williams II και P. Russell, *Hesperia* 50 (1981), σελ. 15–21.

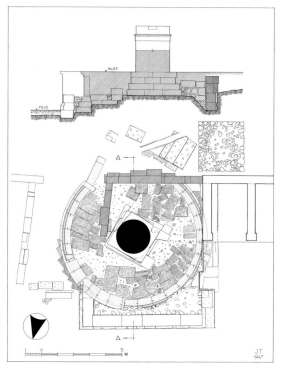

Εικόνα 66. *Τομή και κάτοψη του Κυκλικού Μνημείου*

㉓ ΣΤΑΔΙΟ ΚΑΙ ΑΝΔΗΡΟ

Μπροστά από το Κυκλικό Μνημείο διακρίνονται τα κατάλοιπα δύο διαδοχικών σταδίων κάτω από τη Ρωμαϊκή Αγορά. Η αφετηρία και των δύο ήταν ακριβώς στα δυτικά της Ιουλίας Βασιλικής ㉔ (Εικ. 67), ενώ τμήματα των αγωγών νερού που πλαισίωναν το ελληνιστικό στάδιο είναι ορατά δίπλα στη Βάση του Τεθρίππου ㉜. Η παλαιότερη αφετηρία (πιθανόν του 5ου αιώνα π.Χ.) είναι καμπύλη προσφέροντας έτσι ίσες ευκαιρίες σε όλους τους δρομείς κατά την εκκίνηση, με αριθμημένες και βαμμένες με κόκκινο χρώμα πάνω στους λίθους τις θέσεις για τους αθλητές. Η αφετηρία της ελληνιστικής εποχής είχε προσανατολισμό βόρειο–νότιο και δεν ήταν καμπυλόγραμμη. Ο διαφορετικός προσανατολισμός των δύο φάσεων δείχνει την αλλαγή κατεύθυνσης του σταδίου από τα νοτιοδυτικά προς τα δυτικά, η οποία έλαβε χώρα κατά την ελληνιστική εποχή (Χάρτης 1). Το μήκος των δύο σταδίων είναι άγνωστο, αλλά γενικά τα αρχαία ελληνικά στάδια κυμαίνονταν από 177 μ. έως 192 μ., ανάλογα με τη χρονική περίοδο και τη γεωγραφική περιοχή.

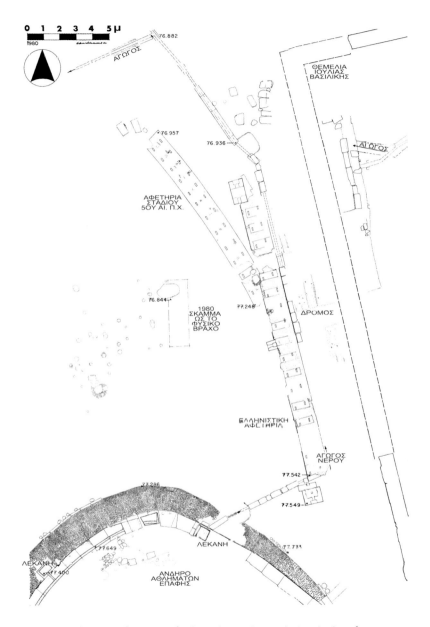

*Εικόνα 67. Κάτοψη της βορειοανατολικής γωνίας της Ρωμαϊκής Αγοράς, όπου δια-
κρίνονται οι αφετηρίες των σταδίων του 5ου αιώνα π.Χ. και της ελληνιστικής εποχής,
καθώς και το άνδηρο στα νότια*

Και οι δύο αφετηρίες είναι σήμερα ορατές. Η παλαιότερη παρουσιάζει καμπή προς τα βορειοδυτικά και διακρίνεται κάτω από την ελληνιστική, που είναι καλύτερα ορατή και σχεδόν παράλληλη με την πρόσοψη της Ιουλίας Βασιλικής. Είναι εύκολα διακριτοί στο χώμα οι λίθοι με τις εγκοπές όπου τοποθετούσαν τα πόδια τους οι δρομείς. Στη βόρεια και νότια πλευρά της αφετηρίας βρίσκονται οι δύο βάσεις της ύσπληγας, του μηχανισμού εκκίνησης. Τμήμα του αθλητικού συγκροτήματος αποτελεί άνδηρο ελλειψοειδές (Εικ. 67) στα νότια του σταδίου, που χρησιμοποιήθηκε για αθλήματα επαφής. Πάλη, πυγμαχία, και παγκράτιο, το άθλημα δηλαδή που συνδύαζε την πάλη με την πυγμαχία, διεξάγονταν εδώ. Κατά μήκος της βόρειας πλευράς του ανδήρου, στα βόρεια του Κυκλικού Μνημείου, βρίσκεται λιθόστρωτο μονοπάτι, το οποίο έχει εν μέρει καλυφθεί από το μεταγενέστερο ελληνιστικό στάδιο. Τρεις λεκάνες και ένας αγωγός νερού στην άκρη του ανδήρου παρείχαν νερό στους θεατές που παρακολουθούσαν τα αγωνίσματα εδώ, καθώς και αυτά που διαδραματίζονταν στο στάδιο μπροστά από το άνδηρο. Ο αγωγός είναι σε πολύ καλή κατάσταση διατήρησης στη βορειοανατολική πλευρά του ανδήρου, πίσω από μια από τις λεκάνες.

C. K. Williams II και P. Russell, *Hesperia* 50 (1981), σελ. 1–21.

㉔ ΙΟΥΛΙΑ ΒΑΣΙΛΙΚΗ

Η Ιουλία Βασιλική ορίζει το ανατολικό άκρο της Ρωμαϊκής Αγοράς, μαζί με το Νοτιοανατολικό Κτήριο ㉑. Ήταν διώροφη με κρυπτοστοά *(cryptoporticus)* κάτω και περίστυλη αίθουσα στον πάνω όροφο (Εικ. 68, 69). Το νότιο τμήμα της κρυπτοστοάς, με τη μεταγενέστερη θολωτή οροφή του, φαίνεται εντυπωσιακό από την ανατολική πλευρά του Κυκλικού Μνημείου ㉒. Η βασιλική κατασκευάστηκε τα πρώτα χρόνια του 1ου αιώνα μ.Χ. από ντόπιο ωολιθικό ασβεστόλιθο και φιλοξενούσε αγάλματα που παρίσταναν μέλη της Ιουλιοκλαυδιανής αυτοκρατορικής οικογένειας, όπως τον Αύγουστο, τους εγγονούς του, Γάιο και Λούκιο (Εικ. 70), και το Νέρωνα Ⓜ μεταξύ άλλων. Πιθανότατα το κτήριο λειτούργησε ως δικαστήριο και ίσως ως έδρα της αυτοκρατορικής λατρείας.

Στα μέσα του 1ου αιώνα μ.Χ. το εσωτερικό της διακοσμήθηκε με μαρμάρινη επένδυση, τμήματα της οποίας (όπως θραύσμα επιγραφής που αναφέρεται στην τοποθέτησή της) επαναχρησιμοποιήθηκαν σε ανακαινίσεις κατά την περίοδο των Αντωνίνων. Λίθοι από την Ιουλία Βασιλική χρησιμοποιήθηκαν ως οικοδομικό υλικό σε ύστερο τοίχο στα ανατολικά της.

Corinth I.5 (1960), σελ. 35–57· P. D. Scotton, *Hesperia* 75 (2005), σελ. 95–100.

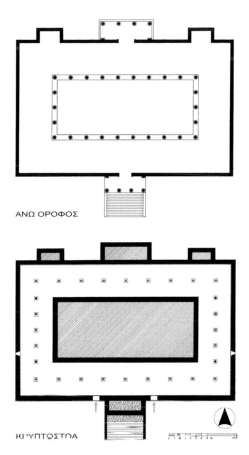

ΑΝΩ ΟΡΟΦΟΣ

ΚΡΥΠΤΟΣΤΟΑ

Εικόνα 68. Κατόψεις της Ιουλίας Βασιλικής

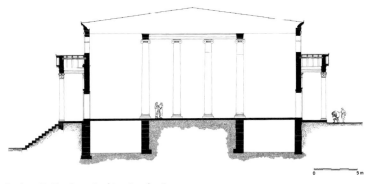

Εικόνα 69. Τομή της Ιουλίας Βασιλικής

Εικόνα 70. Το άγαλμα του Γάιου Καίσαρα κατά την ανασκαφή του στο ανατολικό κλίτος της Ιουλίας Βασιλικής (1914)

㉕ ΜΝΗΜΕΙΟ ΤΩΝ *AUGUSTALES*

🔊 **Συνεχίζοντας προς τα δυτικά, ακολουθώντας τη λιθόστρωτη πορεία του ανδήρου, ο επισκέπτης θα συναντήσει στα δεξιά του το Μνημείο των *Augustales*, αφού ανεβεί τα δύο σύγχρονα σκαλοπάτια που οδηγούν στη Ρωμαϊκή Αγορά.**

Το Μνημείο των *Augustales* βρίσκεται κοντά στο κέντρο του ανατολικού μισού της Ρωμαϊκής Αγοράς. Αποτελούνταν από ασβεστολιθικό βάθρο που έφερε ενεπίγραφη μαρμάρινη λίθινη βάσης, η οποία στήριζε χάλκινο άγαλμα του θεοποιημένου Αυγούστου (Εικ. 71). Σύμφωνα με την επιγραφή (I-1750), οι *Augustales*, επιφορτισμένοι με την τέλεση της αυτοκρατορικής λατρείας, ανήγειραν το μνημείο αυτό πιθανόν στις αρχές του 1ου αιώνα μ.Χ.

📖

Corinth I.3 (1951), σελ. 142–143· *Corinth* VIII.3 (1966), αρ. 53.

Εικόνα 71. Η Ρωμαϊκή Λγορά με τα κατάλοιπα του Μνημείου των Augustales σε πρώτο πλάνο (1937)

26 ΗΡΩΟ ΤΟΥ ΣΤΑΥΡΟΔΡΟΜΙΟΥ

Περίπου 10 μ. μετά το μνημείο των *Augustales,* προς τα δυτικά, και ακριβώς μπροστά από το Βήμα του Αποστόλου Παύλου βρίσκεται το Ηρώο του Σταυροδρομίου, χαμηλότερα από την επιφάνεια του σύγχρονου εδάφους.

Πρόκειται για ένα μικρό, υπαίθριο τέμενος, το οποίο βρίσκεται βορειοανα-τολικά του Βήματος του Αποστόλου Παύλου. Χτίστηκε ακριβώς πάνω από τέσσερις πρωτογεωμετρικούς τάφους που χρονολογούνται στο 10ο αιώ-να π.Χ. και φαίνεται ότι στο σημείο αυτό λάμβανε χώρα λατρεία ηρώων που καθιερώθηκε πάνω από τους τάφους αυτούς (Εικ. 72). Με βάση τις χρονολογικές ενδείξεις που παρείχε η κεραμική που βρέθηκε στο σημείο, το Ηρώο χτίστηκε το β΄ ή το γ΄ τέταρτο του 6ου αιώνα π.Χ. και συνέχισε να χρησιμοποιείται έως το 146 π.Χ.

Σήμερα, οι λαξεύσεις των τάφων δεν είναι ορατές αλλά έχει τοπο-θετηθεί γκρίζο χαλίκι στα σημεία όπου εντοπίστηκαν οι τάφοι. Επιπλέον, έχει αποκατασταθεί υποθετικά τμήμα του τοίχου του τεμένους, αν και το ακριβές αρχικό ύψος του τοίχου αυτού παραμένει άγνωστο.

C. K. Williams II, *Hesperia* 50 (1981), σελ. 410–411· C. A. Pfaff, *Corinth* XX (2003), σελ. 128.

*Εικόνα 72. Το Ηρώο του Σταυροδρομίου, λήψη από τα βορειοανατολικά, με το Βήμα
του Αποστόλου Παύλου στο βάθος*

㉗ ΒΗΜΑ

Ⓝ Το Βήμα βρίσκεται πίσω από το Ηρώο του Σταυροδρομίου προς τα νότια.

Το λεγόμενο "Βήμα του Αποστόλου Παύλου" είναι το δεσπόζον μνημείο
ανάμεσα στα Κεντρικά Καταστήματα που διατρέχουν κατά μήκος της
Ρωμαϊκή Αγορά. Χρονολογείται στα μέσα του 1ου αιώνα μ.Χ. Υψωνόταν
σε ορθογώνιο βάθρο διαστάσεων 15,6 × 7,2 μ. (Εικ. 73) με κρηπίδωμα
δύο βαθμίδων. Το βάθρο στη βόρεια πλευρά έχει ύψος 3 μ. πάνω από το
επίπεδο της Αγοράς. Η ανωδομή του έχει κάτοψη σε σχήμα Π. Η βόρεια
πρόσοψη ανοιχτή προς την Αγορά διαμορφώνεται από 8 πεσσούς. Σε
κάθε γωνία στέκονταν τρεις πεσσοί και περικλείονταν από τοίχους με
θρανία. Δύο πεσσοί βρίσκονταν στο μπροστινό τμήμα και συμπλήρωναν
το σκηνικό της πρόσοψης συντελώντας έτσι στην επισημότητα που επέ-
βαλλε η λειτουργία της.

Στα δεξιά και στα αριστερά και σε χαμηλότερο επίπεδο υπήρχαν δύο
ασκεπείς αίθουσες (εξέδρες), με θρανία στις δύο από τις τρεις πλευρές
τους (Εικ. 74). Δίπλα σε κάθε εξέδρα μαρμάρινη κλίμακα οδηγούσε στο
ψηλότερο άνδηρο προς νότον. Σήμερα, έχουν αποκατασταθεί τμήματα του
Βήματος, όπως τοίχοι, σκαλοπάτια και τα δάπεδα των εξεδρών.

Πρόκειται για δημόσιο ανοιχτό οικοδόμημα. Χρησίμευε ως χώρος
τέλεσης δημόσιων τελετών. Από εδώ ο ανθύπατος της Κορίνθου απευ-
θυνόταν στους πολίτες της πόλης, ενώ λέγεται ότι ταυτίζεται με το βήμα
που αναφέρεται στις «Πράξεις των Αποστόλων» ως βήμα του Γαλλίωνα
(βλ. σελ. 93).

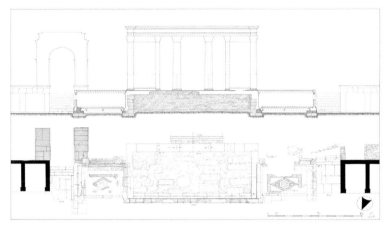

Εικόνα 73. Σχεδιαστική αναπαράσταση της όψης (επάνω) και της κάτοψης (κάτω) των δύο επιπέδων του Βήματος του Αποστόλου Παύλου

Εικόνα 74. Η εξέδρα στα ανατολικά του Βήματος του Αποστόλου Παύλου, λήψη από τα βορειοδυτικά (1947)

Τον 5ο αιώνα μ.Χ., προκειμένου να κλείσουν οι ανοιχτές ορθογώνιες εξέδρες που πλαισίωναν το Βήμα, προστέθηκαν συμπληρωματικοί τοίχοι στη βόρεια πλευρά τους. Ίχνη υδατοστεγούς ασβεστοκονιάματος που διατηρείται σήμερα στο εσωτερικό των τοίχων αυτών υποδεικνύει ότι μετατράπηκαν σε δημόσιες κρήνες, όπου η στάθμη του νερού έφτανε έως το ύψος των θρανίων της αρχικής κατασκευής.

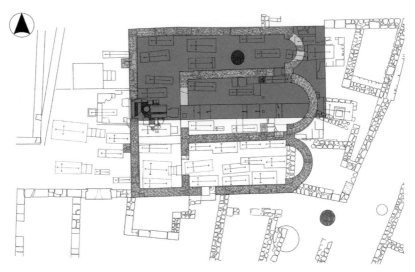

Εικόνα 75. Κάτοψη του Βήματος του Αποστόλου Παύλου (πορτοκαλί) με τη μεταγενέστερη βυζαντινή εκκλησία (κίτρινο) πάνω στα ρωμαϊκά κατάλοιπα. Πολυάριθμοι χριστιανικοί τάφοι μέσα και γύρω από την εκκλησία.

Κατά τη βυζαντινή εποχή, μια χριστιανική εκκλησία χτίστηκε στο σημείο των καταλοίπων του Βήματος, σε τουλάχιστον δύο οικοδομικές φάσεις. Στη δεύτερη φάση της, η εκκλησία ήταν πλέον τρίκλιτη βασιλική (11ος–12ος αιώνας μ.Χ.) (Εικ. 75). Κατά μήκος της Ρωμαϊκής Αγοράς, στις δύο πλευρές του Βήματος, αναπτύσσονταν τα Κεντρικά Καταστήματα **28**.

Βήμα: *Corinth* I.3 (1951), σελ. 91–111. **Κρήνες**: *Corinth* XVI (1957), σελ. 12–14.

28 ΚΕΝΤΡΙΚΑ ΚΑΤΑΣΤΗΜΑΤΑ

Εκτείνονται από το Κυκλικό Μνημείο **22** ως το Βήμα **27** και από κει ως τους επαναχρησιμοποιημένους αρχαϊκούς κίονες **18** που ξεκινούν από το δυτικό άκρο της Νότιας Στοάς **19** προς τα βόρεια. Τα καταστήματα διαχώριζαν την Κύρια ή Κάτω Αγορά από την Άνω που βρισκόταν νοτιότερα, μπροστά από τη Νότια Στοά. Αριστερά του Βήματος (Εικ. 76) υπήρχαν 15 καταστήματα. Το κεντρικό κτίσμα αυτής της ομάδας καταστημάτων ήταν μεγαλύτερο από τα υπόλοιπα και περιλάμβανε τετράστυλο προστώο. Στο εσωτερικό του υπήρχε μαρμάρινο δάπεδο και τρεις βάσεις, μία σε κάθε τοίχο, ίσως για αγάλματα (Εικ. 77). Χρησίμευε ως λατρευτικός χώρος ή γραφείο. Δεξιά του Βήματος υπήρχαν 14 καταστήματα. Στο δυτικό άκρο τους κτίσμα με προστώο περιλάμβανε τρεις χώρους: έναν

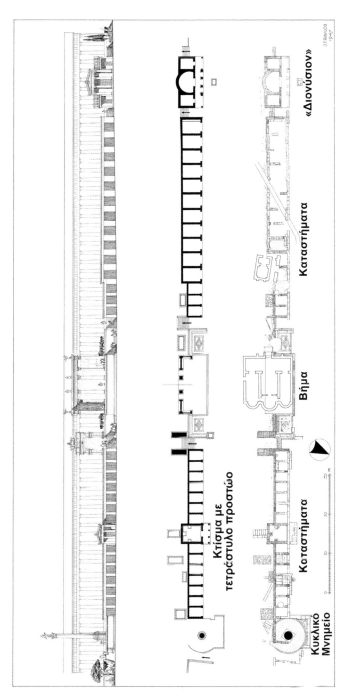

Εικόνα 76. Σχεδιαστική ανακατασκαση της όψης ΄επάνω) και της κάτοψης (μέσω), και αποτύπωση (κάτω) των Κεντρικών Καταστημάτων. Στο πίσω μέρος της αναπαράστασης της όψης διακρίνεται η Νότια Στοά.

Κτίσμα με τετράστυλο προστώο

Κυκλικό Μνημείο   **Καταστήματα**   **Βήμα**   **Καταστήματα**   **«Διονύσιον»**

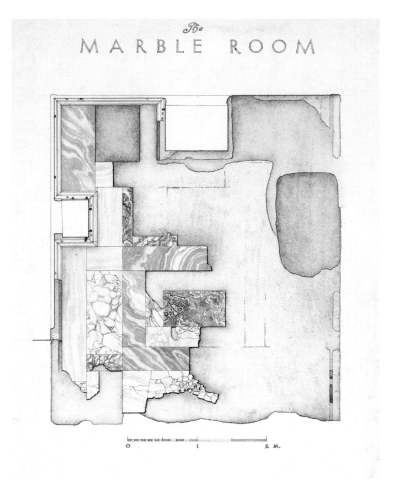

Εικόνα 77. Σχεδιαστική αποτύπωση του μαρμάρινου δαπέδου του μεγαλύτερου δωματίου στο κέντρο της ανατολικής πλευράς των Κεντρικών Καταστημάτων

κεντρικό αψιδωτό με δύο μικρότερα ορθογώνια δωμάτια εκατέρωθέν του. Το κτίσμα ονομαζόταν «Διονύσιον», αλλά ίσως χρησιμοποιήθηκε για την λατρεία του Ερμή, θεού του εμπορίου.

Τον 5ο αιώνα μ.Χ. τα καταστήματα αντικαταστάθηκαν από μεγάλη κλίμακα που ένωνε το άνω με το κάτω τμήμα της Αγοράς. Η κλίμακα αυτή ήταν η πλατύτερη στον αρχαίο κόσμο.

Corinth I.3 (1951), σελ. 112–117· Corinth XVI (1957), σελ. 12–13.

ΑΠΟΣΤΟΛΟΣ ΠΑΥΛΟΣ

Ο Απόστολος Παύλος (Εικ. 78) επισκέφτηκε για πρώτη φορά την Κόρινθο κατά τη δεύτερη αποστολική περιοδεία του και έμεινε εκεί από το 50 έως το 52 μ.Χ. Το καλοκαίρι του 51 μ.Χ., οδηγήθηκε στον ανθύπατο Λούκιο Ιούνιο Γαλλίωνα, όπως περιγράφεται στις «Πράξεις των Αποστόλων» (18:12–17). Οι Εβραίοι της Κορίνθου τον είχαν κατηγορήσει ότι παρέβαινε τον εβρα-

Εικόνα 78. Ο Απόστολος Παύλος του El Greco

ϊκό νόμο, αλλά ο Γαλλίων αρνήθηκε να εμπλακεί σε τέτοιου είδους ζήτημα και απέρριψε τις κατηγορίες. Μετά από περίπου 18 μήνες στην Κόρινθο, ο Απόστολος Παύλος έφυγε με το ζευγάρι που τον φιλοξενούσε όσο έμενε εκεί, τον Ακύλα και την Πρίσκιλλα, και που στη συνέχεια εργάστηκε δίπλα του σε άλλες αποστολικές περιοδείες. Όταν έφυγε από την Κόρινθο πήγε στην Έφεσο, όπου έμεινε για τρία χρόνια. Από εκεί, έστειλε μια επιστολή στην εκκλησία της Κορίνθου (Α΄ Επιστολή προς Κορινθίους), νουθετώντας σχετικά με ζητήματα όπως η διχόνοια στους κόλπους της εκκλησίας, η επιμονή στη διατήρηση ειδωλολατρικών πεποιθήσεων, και η ανηθικότητα. Η επιστολή αυτή έμελλε να αρθεί σε οικουμενικό, διαχρονικό ύμνο στην αγάπη, πέραν και πάνω από τις συγκυρίες που την υπαγό-ρευσαν. Σε μια δεύτερη επιστολή προς την εκκλησία της Κορίνθου (Β΄ Επιστολή προς Κορινθίους 2:1), την οποία έστειλε ενώ βρισκό-ταν στη Μακεδονία, περιέγραψε την επίσκεψή του στην Κόρινθο το 56 μ.Χ. ως λιγότερο ευχάριστη από την πρώτη. Λίγο καιρό αργότερα επισκέφτηκε την πόλη για τελευταία φορά. Η σχέση του Απόστολου Παύλου με την εκκλησία της Κορίνθου υπήρξε ιδιόμορφη, ωστόσο, εκεί ανέπτυξε μια από τις πιο επιτυχημένες διδασκαλίες του.

Εικόνα 79. Το Συγκρότημα του Πύργου του 12ου αιώνα μ.Χ., λήψη από τα βόρεια (1937)

㉙ ΣΥΓΚΡΟΤΗΜΑ ΠΥΡΓΟΥ

Νοτιοδυτικά του Βήματος ξεχωρίζουν αρκετές σειρές λίθων από τη θεμε-λίωση ενός πύργου που περιβάλλεται από μικρό αριθμό δωματίων και χρονολογείται στο 12ο αιώνα μ.Χ. (Εικ. 79). Η λειτουργία του κτηριακού αυτού συγκροτήματος παραμένει άγνωστη.

Corinth XVI (1957), σελ. 68–70.

㉚ ΝΟΤΙΟ ΛΟΥΤΡΟ ΚΑΙ ΥΠΟΓΕΙΟ ΤΕΜΕΝΟΣ

Ένα λουτρό, το οποίο συχνά ονομάζεται Νότιο Λουτρό, πιθανότατα χρονο-λογείται στον 11ο αιώνα μ.Χ. και βρίσκεται στα νότια του Συγκροτήματος του Πύργου. Τα κατάλοιπά του, τα οποία διακρίνονται με δυσκολία, περι-λαμβάνουν μια σειρά δεξαμενών με επικάλυψη από υδατοστεγές ασβε-στοκονίαμα και συνδέονται με έναν μεγάλο χώρο με υπόκαυστο (Εικ. 80).

Περίπου 10 μ. νοτιοανατολικά του Συγκροτήματος του Πύργου και παράλληλα με την κλίμακα στα δυτικά του Βήματος βρίσκονται τα κατά-λοιπα του Υπόγειου Τεμένους που χτίστηκε τον 6ο αιώνα π.Χ. Σήμερα, η κατασκευή αυτή έχει καταχωθεί και δεν είναι ορατή. Αποτελούνταν από ένα δωμάτιο διαστάσεων 2,8 x 3,0 μ., λαξευμένο σε βάθος περίπου 1 μ. στο φυσικό βράχο, με αναβάθρα εισόδου στη δυτική πλευρά και έναν κίονα ανάμεσα στις παραστάδες της πρόσοψης (Εικ. 81). Ενδεχομένως διέθετε στέγη, η οποία εν μέρει στηριζόταν σε κίονα που ήταν τοποθετημένος

Εικόνα 80. Το Νότιο Λουτρό, λήψη από τα βόρεια. Διακρίνονται αρκετοί πεσσοί του υπόκαυστου δαπέδου (1937).

Εικόνα 81. Το Υπόγειο Τέμενος, λήψη από τα βορειοδυτικά, λίγο μετά την ανασκαφή του. Στο κέντρο διακρίνεται ο κίονας της πρύσοψης (1937).

σε βαθιά ορθογώνια κοιλότητα στο κέντρο του δωματίου. Τέλος, είναι πιθανό το Υπόγειο Τέμενος να χρησιμοποιήθηκε για τη λατρεία ηρώων που συνδεόταν με τους τάφους της γεωμετρικής εποχής, οι οποίοι βρίσκονται σε κοντινή απόσταση.

Νότιο Λουτρό: Corinth XVI (1957), σελ. 70–71· Corinth I.4 (1954), σελ. 145. Υπόγειο Τέμενος: C. Pfaff, Corinth XX (2003), σελ. 127.

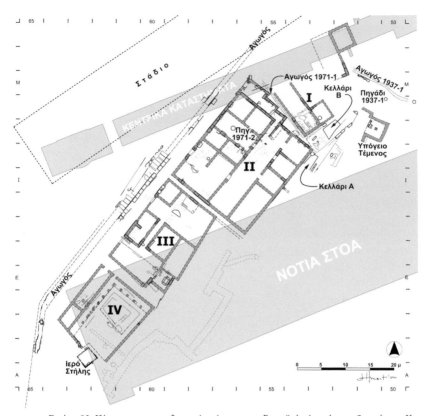

Εικόνα 82. Κάτοψη του νοτιοδυτικού τμήματος της Ρωμαϊκής Αγοράς τον 5ο αιώνα π.Χ., με το Υπόγειο Τέμενος, τα Κτήρια Ι–ΙV και το Ιερό Στήλης

㉛ ΚΤΗΡΙΑ Ι–ΙV

Μια σειρά από τέσσερα κτίσματα του ύστερου 5ου και του 4ου αιώνα π.Χ. αποτελούν τα Κτήρια Ι–ΙV, τα οποία πλαισιώνουν το στάδιο (κλασική φάση) ㉓ (Εικ. 82). Η θέση και το περιεχόμενό τους υποδηλώνουν ότι είχαν δημόσιο και θρησκευτικό χαρακτήρα και όχι ιδιωτικό. Σήμερα, είναι δύσκολο να διακρίνει κανείς τους τοίχους των κτισμάτων αυτών, ωστόσο μπορεί κανείς να τα ταυτίσει χάρη στο βορειοανατολικό–νοτιοδυτικό προσανατολισμό τους.

Παρόλο που τμήματα του Κτηρίου Ι καταστράφηκαν με την κατασκευή των Κεντρικών Καταστημάτων ㉘, η κάτοψή του που διατηρείται ακόμη σήμερα έχει σχήμα L, με μικρό χώρο εστίασης στη βορειοανατολική γωνία του. Ένα αντικείμενο που ίσως συνδέεται με την αρχική λειτουργία του κτηρίου είναι μια βάση αγαλματιδίου που είχε αφιερώσει ο Τιμοκράτης στην Κορίνθια Άρτεμη.

Το Κτήριο ΙΙ καλύπτει μεγάλη έκταση 440 τ.μ. Κεντρική αυλή χωρίζει το κτήριο σε δύο άνισα μέρη: ένα συγκρότημα από επτά (ίσως και εννέα) δωμάτια στη βορειοδυτική πλευρά και πέντε δωμάτια στη νοτιοανατολική. Ήταν προσβάσιμο από προθάλαμο και διάδρομο στη βόρεια γωνία του. Η ακριβής λειτουργία του παραμένει άγνωστη. Φαίνεται, ωστόσο, ότι είχε δημόσιο χαρακτήρα.

Το Κτήριο ΙΙΙ, το λεγόμενο «Καπηλειό της Αφροδίτης», είναι ένα ορθογώνιο συγκρότημα τεσσάρων δωματίων εκατέρωθεν των οποίων υπάρχουν αυλές που συνδέονται μέσω διαδρόμου. Και οι δύο αυλές ήταν προσβάσιμες μέσω εξωτερικής θύρας όπου διακρίνονται αυλακώσεις τροχών. Το κτήριο ονομάζεται «Καπηλειό της Αφροδίτης» λόγω αντικειμένων που αποκαλύφθηκαν εκεί, κυρίως αγγεία πόσης και πολυάριθμα πήλινα ειδώλια. Όσα από αυτά παριστάνουν γυναικείες μορφές, απεικονίζουν μια θεά να κρατά περιστέρι, χαρακτηριστικό που αποδίδεται στην Αφροδίτη.

Το Κτήριο ΙV περιλάμβανε αυλή με μεγάλο έκκεντρο «κελάρι» στη νοτιοανατολική πλευρά του και μια σειρά από δωμάτια στη βορειοδυτική. Κατά μήκος της νοτιοανατολικής και της βορειοδυτικής πλευράς της αυλής υπήρχε κιονοστοιχία που στήριζε μονόρριχτη στέγη περιστυλίου. Έξω από το κτήριο, στα δυτικά, υπήρχε μικρό Ιερό Στήλης ⑱ που συνέχισε να χρησιμοποιείται και μετά την ανέγερση της Νότιας Στοάς ⑲.

C. K. Williams II και J. E. Fisher, *Hesperia* 41 (1972), σελ. 143–172· C. K. Williams II, *Hesperia* 47 (1978), σελ. 12–15· C. K. Williams II, *Hesperia* 48 (1979), σελ. 125–140.

㉜ ΒΑΣΗ ΤΕΘΡΙΠΠΟΥ

🚹 **Στην πλευρά της Ρωμαϊκής Αγοράς απέναντι από το Συγκρότημα του Πύργου, βρίσκεται Βάση Τεθρίππου, περίπου 0,70 μ. κάτω από το επίπεδο της Αγοράς. Έχει εν μέρει καλυφθεί από μεταγενέστερες κατασκευές που χτίστηκαν στο σημείο.**

Μια πώρινη βάση μνημείου σε περίοπτη θέση στο νότιο άκρο του σταδίου (ελληνιστική φάση) στήριζε χάλκινο σύμπλεγμα που απεικόνιζε τέθριππο (άρμα με τέσσερα άλογα) και ίσως έναν ηνίοχο (Εικ. 83). Παρόλο που η άνω πλίνθος της βάσης δεν σώζεται, οι εγκοπές για τους συνδέσμους που συγκρατούσαν τις χάλκινες μορφές έχουν λαξευτεί πολύ βαθιά μέσα στο ανώτερο τμήμα της πώρινης επιφάνειας κι έτσι επέτρεψαν την αποκατάσταση της μορφής του τεθρίππου (Εικ. 84). Το μνημείο χρονολογείται στις αρχές του 4ου αιώνα π.Χ. και είναι πρωιμότερο από το στάδιο. Η κεραμική που αποκαλύφθηκε σε επίχωση πάνω από αυτό καταδεικνύει ότι καθαιρέθηκε το 146 π.Χ.

C. K. Williams II, *Hesperia* 39 (1970), σελ. 6–9.

Εικόνα 83. Σχεδιαστική αναπαράσταση της Βάσης Τεθρίππου με τέσσερα άλογα και ηνίοχο

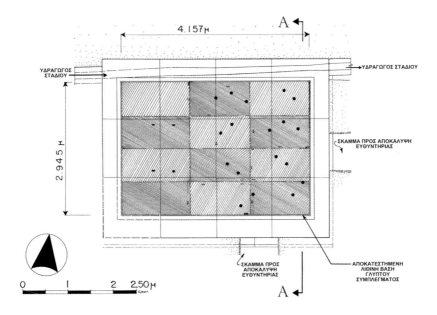

Εικόνα 84. Κάτοψη της Βάσης Τεθρίππου, με ορατές τις οπές για τους συνδέσμους που στήριζαν τα χάλκινα άλογα του άρματος

ΘΕΑΣΗ ΤΗΣ ΡΩΜΑΪΚΗΣ ΑΓΟΡΑΣ

⊘ Αν ο επισκέπτης συνεχίσει προς τα βορειοανατολικά, προς την Οδό Λεχαίου **36**, θα δει στα αριστερά του ένα μεγάλο πεύκο και ένα παγκάκι.

Εικόνα 85. Πεύκο στη Ρωμαϊκή Αγορά

Ένα πεύκο και ένα παγκάκι (Εικ. 85) στη βόρεια πλευρά της Ρωμαϊκής Αγοράς βρίσκονται σε εξαιρετικό σημείο όπου μπορεί κανείς να ξεκουραστεί και να απολαύσει τη θέα της Αγοράς στο σύνολό της. Από το σημείο αυτό, κοιτάζοντας προς τα βόρεια διακρίνονται τα θεμέλια της Πρόσοψης των Αιχμαλώτων **34** με τα Βορειοδυτικά Καταστήματα **14** στα δυτικά και τους κίονες του Ναού του Απόλλωνα **4** στο βάθος (Εικ. 86). Προς τα δυτικά βρίσκεται η Ιερή Κρήνη **33** και στο βάθος είναι ορατοί οι ναοί του Δυτικού Ανδήρου της Αγοράς **15**, με το Ναό Ε **1** και τα Δυτικά Καταστήματα **17** πίσω τους. Κοιτάζοντας προς τα νότια, ακριβώς μπροστά βρίσκεται η Βάση Τεθρίππου **32** και πίσω της τα Κεντρικά Καταστήματα **28** με το Βήμα του Αποστόλου Παύλου **27** στο κέντρο (βλ. Εικ. 76). Ψηλά πίσω τους διαγράφεται ο Ακροκόρινθος **50**.

Εικόνα 86. Ζωγραφική αναπαράσταση της βόρειας πλευράς της Ρωμαϊκής Αγοράς. Από αριστερά προς τα δεξιά διακρίνονται: τα Βορειοδυτικά Καταστήματα με το Ναό του Απόλλωνα πίσω τους, η Πρόσοψη των Αιχμαλώτων μπροστά από τη Βασιλική της Οδού Λεχαίου, και τα Προπύλαια της Οδού Λεχαίου.

Εικόνα 87. Ζωγραφική αναπαράσταση της Ιερής Κρήνης τον 5ο αιώνα π.Χ.

33 ΙΕΡΗ ΚΡΗΝΗ

Η Ιερή Κρήνη (Εικ. 87) ήταν περισσότερο ιερό παρά δημόσια κρήνη. Η ιστορία του κτηριακού αυτού συγκροτήματος ξεκινά στις αρχές του 8ου αιώνα π.Χ. και φτάνει στην ελληνιστική εποχή, με αρκετές φάσεις εκτεταμένων αλλαγών, όπως για παράδειγμα όταν στα τέλη του 6ου αιώνα π.Χ. η λιτή κρήνη στολίστηκε με διάφορα αρχιτεκτονικά στοιχεία. Στο χαμηλότερο επίπεδό της υπήρξε υπόγεια κρήνη με εσωτερικά στηρίγματα, υδρορροές με τη μορφή λεοντοκεφαλής (Εικ. 88) Ⓜ και πρόσοψη με τρεις κίονες. Καθώς το επίπεδο του εδάφους ανυψώθηκε με το πέρασμα των αιώνων, η πρόσοψη υποβαθμίστηκε και η πρόσβαση στην πηγή γινόταν από κλίμακα στο ανώτερο επίπεδο. Μπροστά από την κρήνη εκτεινόταν μεγάλος ανοιχτός χώρος, με βωμό από πηλό και ξύλινες κερκίδες. Τοίχος με τρίγλυφα και μετόπες, κυρίαρχο στοιχείο της Ιερής Κρήνης σήμερα (Εικ. 89), διαχώριζε το χαμηλότερο αυτό επίπεδο από τον υψηλότερο χώρο στα δυτικά. Ο άνω χώρος περιλάμβανε μικρό αψιδωτό κτήριο (Εικ. 90) με πρόσοψη τριών κιόνων. Η πρόσοψη του κτηρίου λειτουργούσε οπτικά σαν σύνδεσμος με την υπόγεια κρήνη. Αγωγός νερού και υπόγεια σήραγγα συνέδεε το αψιδωτό κτήριο με τον κάτω χώρο μέσω κρυφής πόρτας στον τοίχο με τα τρίγλυφα και τις μετόπες. Τέλος, υπήρξε όρος (στήλη οριοθέτησης) Ⓜ που χρονολογείται στον 5ο αιώνα π.Χ.

Η Ιερή Κρήνη πιθανότατα χρησιμοποιήθηκε για θυσίες, θεατρικές και μουσικές παραστάσεις με χορούς και πομπές. Σύμφωνα με ορισμένους μελετητές, η κρήνη, το αψιδωτό κτήριο και ο Ναός του Απόλλωνα συνδέονται με μαντική λατρεία. Ωστόσο, πρόσφατα διατυπώθηκε η άποψη ότι εδώ λατρεύονταν η Κοτυτώ, μια από τις τέσσερις κόρες του Τιμάνδρου που

Εικόνα 88. Εσωτερικό της υπόγειας κρήνης: διακρίνεται η βόρεια λεοντοκεφαλή απορροής κατά χώραν (1933)

Εικόνα 89. Ο τοίχος με τα τρίγλυφα και τις μετόπες της Ιερής Κρήνης. Διακρίνεται η είσοδος στην υπόγεια κρήνη (1900).

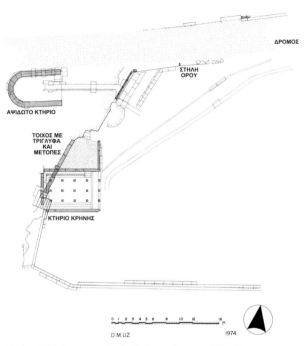

Εικόνα 90. Κάτοψη της Ιερής Κρήνης γύρω στο 450 π.Χ.

πυρπολήθηκαν από τους Δωριείς στο Ναό της Αθηνάς, όπως αναφέρει ο ποιητής Εύμηλος. Στις γιορτές προς τιμήν της νεαροί άνδρες μεταμφιεσμένοι σε γυναίκες χόρευαν υπό τους ήχους ξέφρενης μουσικής, ενώ άλλη πτυχή της ιεροτελεστίας αποτελούσε η βύθιση στο νερό ή η μύηση μέσω αυτού.

Δίπλα στον τοίχο με τα τρίγλυφα και τις μετόπες βάση αγάλματος φέρει την επιγραφή «Λύσιππος εποίησεν» (Εικ. 91). Ο Λύσιππος ήταν γλύπτης από τη γειτονική Σικυώνα, του οποίου η φήμη ξεπέρασε τα σύνορα του ελλαδικού χώρου κατά την ελληνιστική και τη ρωμαϊκή εποχή. Η βάση αυτή στήριζε χάλκινο άγαλμα όρθιας ανδρικής μορφής. Πολλές τέτοιες ενεπίγραφες τιμητικές βάσεις αγαλμάτων κοσμούσαν την περιοχή.

Ιερή Κρήνη: *Corinth* I.6 (1964), σελ. 116–199· C. K. Williams II, *Hesperia* 28 (1969), σελ. 1–63· C. K. Williams II και J. E. Fisher, *Hesperia* 40 (1971), σελ. 1–51. **Βάση του Λύσιππου**: *Corinth* VIII.1 (1931), αρ. 34.

Εικόνα 91. Ενεπίγραφη βάση αγάλματος με το όνομα του γλύπτη Λύσιππου (Ι-29)

㉞ ΠΡΟΣΟΨΗ ΤΩΝ ΑΙΧΜΑΛΩΤΩΝ

Περίτεχνη διώροφη πρόσοψη κοσμούσε τη νότια πλευρά της Βασιλικής της Οδού Λεχαίου ㊹ προς τη Ρωμαϊκή Αγορά ανάμεσα στα Βορειοδυτικά Καταστήματα ⑭ και στα Προπύλαια ㉟. Σειρά από έξι αγάλματα υπερφυσικού μεγέθους που απεικόνιζαν αιχμαλώτους βαρβαρικής καταγωγής μπροστά από κορινθιακούς πεσσούς (Εικ. 92) Ⓜ διακοσμούσαν τον άνω όροφο. Εικάζεται ότι το μνημείο ανεγέρθηκε προς τιμήν των νικών του αυτοκράτορα Σεπτίμου Σεβήρου επί των Πάρθων το 197 μ.Χ.

Σήμερα, στον αρχαιολογικό χώρο έχουν ανακατασκευαστεί τμήματα της ανωδομής της πρόσοψης, συμπεριλαμβανομένης μιας γωνίας του αετώματος και ενός επιστυλίου με ζωφόρο από λωτούς και ανθέμια.

Εικόνα 92. Άγαλμα που παριστάνει αιχμάλωτο βαρβαρικής καταγωγής από την Πρόσοψη των Αιχμαλώτων

Corinth I.2 (1941), σελ. 55–88· *Corinth* IX (1931), σελ. 101–107.

㉟ ΠΡΟΠΥΛΑΙΑ

Τα Προπύλαια ήταν η μνημειώδης αψίδα στην είσοδο της Ρωμαϊκής Αγοράς από την Οδό Λεχαίου ㊱. Η θεμελίωσή τους είναι ορατή στις δύο πλευρές της σύγχρονης ξύλινης πλατφόρμας που καλύπτει τα μαρμάρινα σκαλοπάτια της Οδού Λεχαίου.

Η μελέτη της θεμελίωσης και των αρχιτεκτονικών καταλοίπων υποδεικνύει ότι τα Προπύλαια ανεγέρθηκαν σε τρεις οικοδομικές φάσεις. Στην πρώτη τους φάση, πιθανόν στις αρχές του 1ου αιώνα μ.Χ., αποτελούνταν από τρεις αψίδες: μια μεγάλη κεντρική και δύο μικρότερες που την πλαισίωναν. Στη δεύτερη φάση, ίσως κοντά στα τέλη του 1ου αιώνα μ.Χ., τα Προπύλαια μετατράπηκαν σε μεγάλη, μονή αψίδα με πολύ βαθύτερη καμάρα και πυλώνες, ενώ η πρόσβαση γινόταν μέσα από κεντρική κλίμακα. Σύμφωνα με θραύσματα αναγλύφων που βρέθηκαν στην περιοχή, αργότερα στην ίδια οικοδομική φάση (γύρω στο 117 μ.Χ.), ίσως τοποθετήθηκαν στην αψίδα ανάγλυφα πλαίσια με σκηνές αυτοκρατορικής θυσίας, σκηνές υποταγής βαρβάρων και όπλα-λάφυρα. Όταν ο Παυσανίας επισκέφθηκε την Κόρινθο, αργότερα μέσα στο 2ο αιώνα μ.Χ., πάνω στα Προπύλαια είχαν τοποθετηθεί τα επιχρυσωμένα χάλκινα άρματα του Ήλιου και του Φαέθωνα (Παυσανίας 2.3.2) (βλ. Εικ. 86). Κατά την τρίτη φάση (υστερορωμαϊκή περίοδος), χτίστηκαν στα Προπύλαια εγκάρσιοι τοίχοι και εξέδρα στα ανατολικά.

Corinth I.1 (1932), σελ. 159–192· C. M. Edwards, *Hesperia* 63 (1994), σελ. 263–308.

㊱ ΟΔΟΣ ΛΕΧΑΙΟΥ

Η πορεία της Οδού Λεχαίου υπήρχε ήδη από την κλασική εποχή, αλλά οι Ρωμαίοι την εδραίωσαν ως τη βασική οδική αρτηρία που συνέδεε βορρά με νότο, το *cardo maximus* της ρωμαϊκής πόλης. Ένωνε τη Ρωμαϊκή Αγορά με το λιμάνι του Λεχαίου στον Κορινθιακό κόλπο, 3 χλμ. προς τα βόρεια. Επί Αυγούστου δεν είχε πλακοστρωθεί και επιτρεπόταν η κυκλοφορία των τροχοφόρων. Το β΄ μισό του 1ου αιώνα μ.Χ. στρώθηκε με πλάκες ασβεστόλιθου και τότε η χρήση της περιορίστηκε στους πεζούς. Εκείνη την περίοδο υπήρχαν πεζοδρόμια στις δύο πλευρές της με ρείθρα για την απομάκρυνση των όμβριων υδάτων. Προστέθηκαν σειρές καταστημάτων επίσης στις δύο πλευρές της, ενώ τοποθετήθηκαν κιονοστοιχίες και αναθηματικές βάσεις ανάμεσα στα καταστήματα και στο πλακόστρωτο. Το 10ο αιώνα μ.Χ. η Οδός Λεχαίου άρχισε να παρακμάζει μέχρι που εγκαταλείφθηκε τελείως μετά το σεισμό του 1858.

Στη δυτική πλευρά της Οδού διακρίνονται τα κατάλοιπα 16 μικρών καταστημάτων. Το πιο σημαντικό κτήριο στα δυτικά των καταστημάτων

ΘΕΑΣΗ ΤΗΣ ΟΔΟΥ ΛΕΧΑΙΟΥ

Από τα Προπύλαια ο επισκέπτης μπορεί να δει όλα τα μνημεία κατά μήκος της Οδού Λεχαίου (Εικ. 93). Ανατολικά των Προπυλαίων βρίσκεται η Κρήνη της Πειρήνης **37**. Οι καμπύλοι τοίχοι των κογχών της προστέθηκαν κατά την ύστερη αρχαιότητα, όπως και οι μεγάλοι μαρμάρινοι κίονες που τοποθετήθηκαν στη νότια πρόσοψή της και προέρχονται από κτήριο της κλασικής εποχής. Σταματώντας στο σημείο αυτό, ο επισκέπτης μπορεί ακόμη να ακούσει το νερό που τρέχει στους υπόγειους αγωγούς. Προς τα δυτικά, κατά μήκος της Οδού Λεχαίου βρίσκονται κατάλοιπα καταστημάτων και πίσω τους ίχνη του λατομείου, λόγω του οποίου απολαξεύτηκε η ανατολική πλευρά του Λόφου του Ναού **11**. Ακριβώς πριν την έξοδο, στη δυτική πλευρά της Οδού, βρίσκεται το Παλαιό Μουσείο και απέναντι στα δεξιά η πλατεία του χωριού. Η έξοδος του αρχαιολογικού χώρου βρίσκεται στο βόρειο άκρο αυτού του καλοδιατηρημένου τμήματος της Οδού Λεχαίου.

Εικόνα 93. Η Οδός Λεχαίου. Στο βάθος διακρίνεται το Παλαιό Μουσείο (αριστερά) και η πλατεία του χωριού (δεξιά) έξω από την έξοδο του αρχαιολογικού χώρου.

αυτών ήταν μια μεγάλη ρωμαϊκή βασιλική, η Βασιλική της Οδού Λεχαίου 🅰, η οποία πιθανότατα χρησιμοποιήθηκε ως δικαστήριο. Η νότια πλευρά της προς τη Ρωμαϊκή Αγορά ήταν διακοσμημένη με την Πρόσοψη των Αιχμαλώτων 🅰, η οποία έφερε κολοσσιαίες μορφές αιχμαλώτων πολέμου βαρβαρικής καταγωγής (τέλη 2ου αιώνα μ.Χ.). Στα βόρεια της βασιλικής διατηρούνται ακόμη τα κατάλοιπα ορθογώνιας εμπορικής αγοράς 🅰, η οποία αργότερα αντικαταστάθηκε από ημικυκλική εμπορική αγορά με ιωνική κιονοστοιχία.

Στην ανατολική πλευρά της Οδού Λεχαίου, βόρεια της Κρήνης της Πειρήνης 🅰, σώζεται η θεμελίωση του Ναού Α 🅰, ενός κτηρίου της κλασικής εποχής, το οποίο μετατράπηκε σε Ηρώο κατά τους ελληνιστικούς χρόνους. Ο ναός αυτός βρίσκεται μέσα στα όρια και κάτω από το επίπεδο του Περιβόλου του Απόλλωνα 🅰 (1ος αιώνας μ.Χ.). Ο περίβολος ήταν υπαίθρια αυλή με μαρμάρινη ιωνική κιονοστοιχία περιμετρικά και χρησιμοποιούνταν ως εμπορική αγορά. Στο βορειοανατολικό άκρο της οδού διακρίνονται τα κατάλοιπα μεγάλου λουτρού που χρονολογείται στα τέλη του 1ου αιώνα μ.Χ. 🅰 και έχει ταυτιστεί με τα Λουτρά του Σπαρτιάτη Ευρυκλή, τα οποία περιγράφει ο Παυσανίας (2.3.5).

Corinth I.1 (1932), σελ. 135–158· C. K. Williams II και J. E. Fisher, *Hesperia* 43 (1974), σελ. 32–33.

🔟 ΚΡΗΝΗ ΤΗΣ ΠΕΙΡΗΝΗΣ

Ⓐ Από το ανατολικό άκρο της ξύλινης πλατφόρμας ο επισκέπτης μπορεί δει το εσωτερικό της Κρήνης της Πειρήνης, η οποία είναι κλειστή για το κοινό.

Η Πειρήνη αποτελεί σημαντικό κέντρο συμβολισμού και παράδοσης στο αστικό τοπίο τόσο της αρχαίας ελληνικής όσο και της ρωμαϊκής Κορίνθου (Εικ. 94, 95). Η πρωιμότερη ανθρώπινη δραστηριότητα χρονολογείται στη νεολιθική εποχή, ενώ οι πρώτες προσπάθειες διαχείρισης των υδάτων στους γεωμετρικούς χρόνους. Η Κρήνη διαμορφώθηκε σταδιακά από την αρχαϊκή εποχή, ώστε το 2ο αιώνα π.Χ. έξι θάλαμοι, τρεις βαθιές δεξαμενές άντλησης, και τέσσερις τεράστιες δεξαμενές τροφοδοτούνταν από σήραγγες μήκους εκατοντάδων μέτρων κάτω από τη Ρωμαϊκή Αγορά (Εικ. 96).

Η Κρήνη πιθανότατα υπέστη μικρές φθορές κατά την επίθεση του Ρωμαίου στρατηγού Μόμμιου στην Κόρινθο (146 π.Χ.) και ήταν από τα πρώτα κτίσματα που ξαναχτίστηκαν. Την πρώιμη ρωμαϊκή περίοδο, ενσωματωμένοι δωρικοί ημικίονες στην πρόσοψη ανάμεσα σε αψίδες πλαισίωναν τους παλιούς θαλάμους (Εικ. 95). Συμπαγής τοίχος με ενσωματωμένους ιωνικούς ημικίονες υπήρχε στον άνω όροφο. Το βυθισμένο ορθογώνιο άνοιγμα στο κέντρο της αυλής μπροστά από την πρόσοψη είναι υπαίθρια κρήνη με πρόσβαση από μια χαμηλή πλατιά κλίμακα.

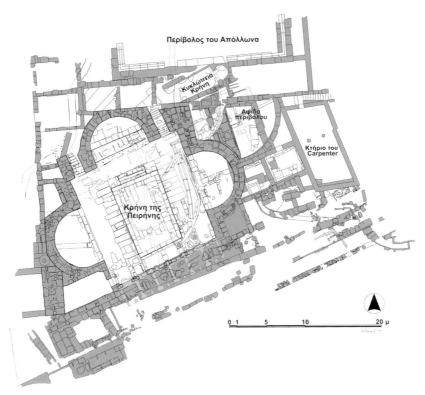

Εικόνα 94. Κάτοψη της Κρήνης της Πειρήνης και των γύρω μνημείων

Εικόνα 95. Η πρόσοψη της Κρήνης της Πειρήνης, λήψη από τα βόρεια

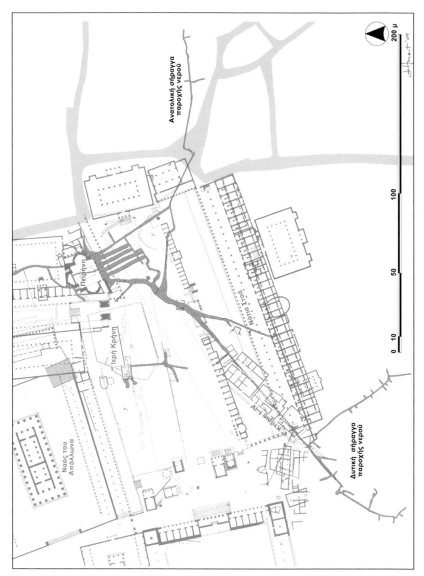

Εικόνα 96. Κάτοψη του συστήματος συλλογής, παροχής και απορροής νερού της Κρήνης της Πειρήνης

Μεγάλοι αγωγοί κάτω από το δάπεδο της αυλής τροφοδοτούσαν υδρορροές στους πλάγιους τοίχους του ανοίγματος. Μετά τη μερική καταστροφή της πρώιμης φάσης της Κρήνης, ίσως από σεισμό, η ανατολική και η δυτική κόγχη προστέθηκαν τον 4ο αιώνα μ.Χ., ενώ μαρμάρινοι κίονες και διακοσμητικά επι-

Εικόνα 97. Σχεδιαστική αναπαράσταση των διακοσμητικών επιστυλίων στην πρόσοψη της Κρήνης της Πειρήνης

στύλια που τους συνδέουν με την πρόσοψη τοποθετήθηκαν στα τέλη του 5ου–αρχές του 6ου αιώνα μ.Χ. (Εικ. 97). Τους επόμενους αιώνες το επίπεδο του εδάφους ανυψώθηκε και στην αυλή χτίστηκε μικρή εκκλησία και νεκροταφείο (Εικ. 98). Ακόμη και όταν η αυλή και η κρήνη είχαν θαφτεί εντελώς, η πηγή τροφοδοτούσε τις κρήνες του χωριού και πολλά πηγάδια.

Δύο μύθοι αναφέρονται στη δημιουργία της Κρήνης. Σύμφωνα με τον ένα, η ερωμένη του Ποσειδώνα, Πειρήνη, θρήνησε τόσο όταν η Άρτεμη σκότωσε το γιο της, τον Κεγχρία, ώστε οι θεοί τη μεταμόρφωσαν σε κρήνη. Ο άλλος μύθος αποδίδει τη δημιουργία της στον Πήγασο, το φτερωτό άλογο, όταν χτύπησε το βράχο πολύ δυνατά με την οπλή του, ενοχλημένος από τα χαλινάρια που του πέρασε ο Βελλεροφόντης.

Corinth 1.6 (1964), σελ. 1–115· Ancient Art and Architecture in Context 2 (2011).

Εικόνα 98. Σχεδιαστική αναπαράσταση που απεικονίζει το βυζαντινό εκκλησάκι στην αυλή της Κρήνης της Πειρήνης

ΤΟΠΟΓΡΑΦΙΚΗ ΠΕΡΙΓΡΑΦΗ 5

ΜΝΗΜΕΙΑ ΚΟΝΤΑ ΣΤΗΝ ΚΡΗΝΗ ΤΗΣ ΠΕΙΡΗΝΗΣ

Κατεβαίνοντας τα σκαλοπάτια στην αρχή της Οδού Λεχαίου ③⑥, ο επισκέπτης στρίβει προς τα δεξιά και κατευθύνεται μπροστά από τη βόρεια κόγχη της Κρήνη της Πειρήνης ③⑦. Από εδώ παρατηρεί τόσο το εσωτερικό της Πειρήνης όσο και τη λεγόμενη Κυκλώπεια Κρήνη ③⑧, μπροστά του και σε αισθητά χαμηλότερο επίπεδο από την Πειρήνη. Πιο πάνω δεξιά βρίσκεται το Κτήριο του Carpenter ③⑨, ενώ απέναντι αριστερά στέκουν μαρμάρινοι ιωνικοί κίονες από τον Περίβολο του Απόλλωνα ④⓪. Επιστρέφοντας προς την Οδό Λεχαίου, στα δεξιά του, ο επισκέπτης θα δει τμήμα από το επιστύλιο του Περιβόλου του Απόλλωνα πάνω στο στυλοβάτη της κιονοστοιχίας. Ένας από τους λίθους φέρει αναθηματική επιγραφή για τον εν λόγω περίβολο (I-241) στην όψη προς βορρά, και ανάγλυφη σύνθεση με κωπηλάτη σε πλοίο και περιβάλλεται από στεφάνι στη νότια όψη. Πρόκειται πιθανότατα για έναν από τους πλούσιους έμπορους ευεργέτες που αφιέρωσαν την κιονοστοιχία του περιβόλου. Πίσω από το λίθο αυτό και σε κατώτερο επίπεδο διακρίνεται η θεμελίωση του Ναού Α ④①, η οποία εκτείνεται μερικώς κάτω από τα μεταγενέστερα καταστήματα της Οδού Λεχαίου και κατά ένα δεύτερο μέρος κάτω από τον Περίβολο του Απόλλωνα.

③⑧ ΚΥΚΛΩΠΕΙΑ ΚΡΗΝΗ

Παρόλο που σήμερα μεταγενέστερα κτίσματα την χωρίζουν από την Κρήνη της Πειρήνης ③⑦, η Κυκλώπεια Κρήνη ήταν άρρηκτα συνδεδεμένη με την Πειρήνη και την πηγή του νερού που την τροφοδοτούσε (Εικ. 99). Η πρωιμότερη οικοδομική της φάση χρονολογείται στον 6ο

Εικόνα 99. Σχεδιαστική αναπαράσταση της προ-ρωμαϊκής φάσης της Κρήνης της Πειρήνης (δεξιά) και της Κυκλώπειας Κρήνης (αριστερά)

αιώνα π.Χ., ενώ πήρε την τελική της μορφή κατά την ελληνιστική εποχή με τη δημιουργία αναβάθρας για την πρόσβαση σε αυτή. Σήμερα ονομάζεται «Κυκλώπεια», επειδή η τοιχοποιία της παραπέμπει στα τείχη των ακροπόλεων της εποχής του χαλκού στην Τίρυνθα και στις Μυκήνες, τα οποία αποδίδονταν την κλασική εποχή στους Κύκλωπες. Η ονομασία αυτή υιοθετήθηκε από τους σύγχρονους μελετητές. Η Κυκλώπεια Κρήνη σχεδιάστηκε ως απομίμηση πηγής σπηλαίου.

Ancient Art and Architecture in Context 2 (2011), σελ. 134–141, 156–158.

㊴ ΚΤΗΡΙΟ ΤΟΥ CARPENTER

Το κτήριο πήρε το όνομά του από τον Rhys Carpenter, διευθυντή της ΑΣΚΣΑ και διευθυντή των ανασκαφών της στην Κόρινθο μεταξύ 1927 και 1931. Βρίσκεται στα ανατολικά της Κρήνης της Πειρήνης. Η βυζαντινή αυτή οικία, που χρησιμοποιήθηκε από το 10ο έως το 12ο αιώνα μ.Χ., αποκαλύφθηκε το 1917 και ανακατασκευάστηκε με την προσθήκη πάνω ορόφου και δίρριχτης στέγης με σκοπό να αποθηκεύσει τα βυζαντινά γλυπτά της Κορίνθου (βλ. Εικ. 100). Το κτήριο εγκαταλείφθηκε κατά το Β΄ Παγκόσμιο Πόλεμο, αλλά μαρτυρεί ακόμα σήμερα το ενδιαφέρον των ανασκαφέων της Κορίνθου για τη μεσαιωνική της ιστορία.

K. Kourelis, *Hesperia* 76 (2007), σελ. 391–442.

㊵ ΠΕΡΙΒΟΛΟΣ ΤΟΥ ΑΠΟΛΛΩΝΑ

Μεγάλη περίστυλη αυλή εκτείνεται στα βόρεια της Κρήνης της Πειρήνης και έχει ταυτιστεί από τον Παυσανία (2.3.3) με τον «Περίβολο του Απόλλωνα», όπου ο περιηγητής είδε άγαλμα του θεού και ζωγραφική απεικόνιση του Οδυσσέα να εκδιώκει τους μνηστήρες της γυναίκας του Πηνελόπης. Η απεικόνιση αυτή σχετίζεται με την Πειρήνη καθώς, σύμφωνα με μια παράδοση, η Πειρήνη ήταν θεία της Πηνελόπης.

Η ορθογώνια αυλή κατασκευάστηκε τον 1ο αιώνα μ.Χ., έχει διαστάσεις περίπου 32 × 23 μ. και περικλειόταν από μαρμάρινη ιωνική κιονοστοιχία πάνω σε στυλοβάτη από ασβεστόλιθο Ακροκορίνθου (Εικ. 100). Το δάπεδο της κιονοστοιχίας επικαλύφθηκε τον 3ο αιώνα μ.Χ. με ψηφιδωτό δάπεδο (Εικ. 101). Τμήμα αναθηματικής επιγραφής αναφέρει ότι ο ευεργέτης του περιβόλου ήταν μέλος της φυλής των Αιμιλίων (Aemilia).

Κάτω από τον Περίβολο του Απόλλωνα βρίσκονται τα κατάλοιπα δύο πρωιμότερων κτισμάτων, το παλαιότερο από τα οποία είναι ένα κτηριακό

Εικόνα 100. Άποψη του Περιβόλου του Απόλλωνα, λήψη από τα βορειοανατολικά, με το Κτήριο του Carpenter στο μέσον αριστερά (1930)

Εικόνα 101. Ψηφιδωτό δάπεδο στο νοτιοανατολικό τμήμα του Περιβόλου του Απόλλωνα. Το περίτεχνο ψηφιδωτό με λευκές, μαύρες, ερυθρές και κίτρινες ψηφίδες περιλαμβάνει τριπλό πλαίσιο με αστραγάλους, κύμα και πλοχμό γύρω από μετάλλια. Ενδιάμεσα διακρίνονται ψάρια και υδρόβια πτηνά (1931).

Εικόνα 102. Η δεξαμενή των βαφείων κάτω από τον Περίβολο του Απόλλωνα

συγκρότημα γνωστό ως βαφεία (Εικ. 102). Τα βαφεία χτίστηκαν γύρω στο 550 π.Χ. και περιλάμβαναν δάπεδα με σύστημα αποστράγγισης και μια δεξαμενή που προστέθηκε αργότερα, κατά το γ' τέταρτο του 5ου αιώνα π.Χ. Εκτός από τα κτηριακά κατάλοιπα, εκείνο που οδήγησε τον ανασκαφέα να ταυτίσει το χώρο με βαφεία ήταν οι αποθέσεις από κελύφη πορφύρας που αποκαλύφθηκαν στο σημείο. Οι πορφύρες χρησιμοποιούνταν στην αρχαιότητα για την παραγωγή κόκκινης (πορφυρής) βαφής. Τα κατάλοιπα του δεύτερου κτίσματος, που βρίσκονται κάτω από τον Περίβολο του Απόλλωνα, ανήκουν στο Ναό Α , που περιγράφεται στη συνέχεια.

📖

Corinth I.2 (1941), σελ. 1–54· *Corinth* VIII.2 (1931), αρ. 124.

🟠 ΝΑΟΣ Α

Πρόκειται για ναό της κλασικής/ελληνιστικής εποχής, τα κατάλοιπα του οποίου βρίσκονται εν μέρει κάτω από τα καταστήματα της ανατολικής πλευράς της Οδού Λεχαίου και εν μέρει κάτω από τον Περίβολο του Απόλλωνα 🟠. Σήμερα σώζεται η θεμελίωση ενός μικρού δίστυλου εν παραστάσι ναού του 4ου αιώνα π.Χ., ο οποίος τον 3ο αιώνα π.Χ. μετατράπηκε σε *aedicula* με τέσσερις πεσσούς που έφεραν δίρριχτη στέγη. Οι δύο δυτικοί πεσσοί συνδέονταν με τοίχο, ενώ ένα βοτσαλωτό δάπεδο εκτείνονταν ανάμεσα στο *aedicula* και τον ημικυκλικό βωμό (Εικ. 103).

Εικόνα 103. Ημικυκλικός βωμός και βοτσαλωτό δάπεδο στα ανατολικά του Ναού Α, λήψη από τα βόρεια. Διακρίνεται επίσης η θεμελίωση του Ναού Α (δεξιά), καθώς και οι τρεις από τις τέσσερις τετράγωνες βάσεις που στήριζαν τη στέγη του βωμού.

Το γεγονός ότι ο βωμός ήταν στεγασμένος καταδεικνύει ότι οι θυσίες που γίνονταν εκεί δεν προορίζονταν για Ολύμπιο θεό, αλλά για χθόνια θεότητα (του Κάτω Κόσμου) ή ήρωα. Πιθανότατα ο ναός φιλοξενούσε το άγαλμα του θεού ή ήρωα.

Corinth I.2 (1941), σελ. 4–16.

㊷ ΛΟΥΤΡΑ

Καθώς προχωρούσε από τη Ρωμαϊκή Αγορά προς τα βόρεια κατά μήκος της Οδού Λεχαίου, ο Παυσανίας (2.3.5) παρατήρησε τα εξής:

> Στην Κόρινθο υπάρχουν λουτρά σε πολλά μέρη. Άλλα κατασκευάστηκαν με έξοδα από το ταμείο της πόλης και ένα από τον αυτοκράτορα Αδριανό. Το πιο ονομαστό είναι κοντά στον Ποσειδώνα. Το έφτιαξε ο Σπαρτιάτης Ευρυκλής και το διακόσμησε με πολλά είδη λίθων και ειδικά με ένα που εξορρύσσεται στις Κροκέες της Λακωνίας.

Τα κατάλοιπα μεγάλου λουτρού που αποκαλύφθηκαν στην ανατολική πλευρά της Οδού Λεχαίου, βόρεια του Περίβολου του Απόλλωνα, ανήκουν στο ένα από τα δύο λουτρά της Κορίνθου που έχουν αποδοθεί στον Ευρυκλή ως ευεργεσίες του (το άλλο είναι τα Μεγάλα Λουτρά της Οδού Λεχαίου ㊳). Οι τοίχοι του ήταν επενδυμένοι με λίθους διάφορων χρωμάτων, μεταξύ άλλων του κροκεάτη λίθου, ο οποίος είναι σκουροπράσινος πορφυρίτης διάστικτος με ανοιχτούς πράσινους κρυστάλλους, από τα οικογενειακά λατομεία του Ευρυκλή στις Κροκεές της Λακωνίας. Δεν είναι βέβαιο κατά πόσο ο Ευρυκλής που αναφέρει ο Παυσανίας ταυτίζεται με τον Caius Julius Eurykles, ένα συγκλητικό επί αυτοκρατόρων Τραϊανού (98–117 μ.Χ.) και Αδριανού (117–138 μ.Χ.). Έχει αποκαλυφθεί οικοδομική φάση του κτηρίου που ανάγεται στους πρώιμους αυτοκρατορικούς χρόνους, ωστόσο τα σωζόμενα κατάλοιπα χρονολογούνται στα τέλη του 1ου αιώνα μ.Χ., μετά το σεισμό της δεκαετίας του 70 μ.Χ., με μεταγενέστερες ανακαινίσεις. Ενδεχομένως η χρήση του λουτρού συνεχίστηκε έως τα τέλη του 4ου αιώνα μ.Χ. Το κτήριο περιλαμβάνε υπαίθρια αυλή με πισίνα και στην ανατολική πλευρά του μια σειρά από δωμάτια με λουτήρες, ορισμένα από τα οποία θερμαίνονταν (Εικ. 104).

Εικόνα 104. Υπόκαυστο από τα Λουτρά βόρεια του Περίβολου του Απόλλωνα (1930)

J. Biers, *Corinth* XX (2003), σελ. 305–307· C. K. Williams II, *Hesperia* 38 (1969), σελ. 62–63· C. K. Williams II, J. MacIntosh, και J. E. Fisher, *Hesperia* 43 (1974), σελ. 25–33.

㊸ ΑΠΟΧΩΡΗΤΗΡΙΑ

Στη μέση περίπου της ανατολικής πλευράς της Οδού Λεχαίου βρίσκονται τα κατάλοιπα δημόσιων αποχωρητηρίων που περιλαμβάνουν θέσεις για τους χρήστες, καθώς και αγωγό νερού που περιτρέχει το δάπεδο. Στην αρχαιότητα, πιθανόν υπήρχε στον αγωγό και ένας κοινός σπόγγος πάνω σε ξύλινο ραβδί που τον χρησιμοποιούσαν οι χρήστες του χώρου για τον καθαρισμό τους.

Corinth I.4 (1954), σελ. 152.

44 ΒΑΣΙΛΙΚΗ ΤΗΣ ΟΔΟΥ ΛΕΧΑΙΟΥ

N Στη δυτική πλευρά της Οδού Λεχαίου εκτείνεται η ομώνυμη βασιλική.

Η βασιλική κατά μήκος της δυτικής πλευράς της Οδού Λεχαίου χτίστηκε στα τέλη του 1ου αιώνα π.Χ., όταν η Κόρινθος ήταν ήδη πρωτεύουσα της Ρωμαϊκής Επαρχίας της Αχαΐας. Πρόκειται για ένα μεγάλο ορθογώνιο κτήριο μήκους περίπου 70 μ. και πλάτους 25 μ. Το εσωτερικό είχε τη μορφή υπαίθριας αίθουσας με εσωτερική κιονοστοιχία που στήριζε εξώστη στον πάνω όροφο. Στο βόρειο άκρο της υπήρχαν τρία δωμάτια, το μεσαίο από τα οποία πιθανότατα λειτουργούσε ως αίθουσα δικαστηρίου, ενώ στο νότιο άκρο της βασιλικής η είσοδος πλαισιωνόταν από δύο δωμάτια. Τα δωμάτια αυτά κατεδαφίστηκαν για την επέκταση, ανακαίνιση και επένδυση της βασιλικής με μάρμαρο στα μέσα του 2ου αιώνα μ.Χ. Τότε το δάπεδο του κτηρίου ανυψώθηκε κατά 0,5 μ. και το εσωτερικό του πήρε τη μορφή μεγάλης αίθουσας με κιονοστοιχία σε όλες τις πλευρές. Η πρόσβαση στη βασιλική γινόταν από αυλή στην οποία έμπαινε κανείς περνώντας από την Πρόσοψη των Αιχμαλώτων 34. Κάτω από τη Βασιλική βρίσκεται στοά, γνωστή ως Βόρειο Κτήριο, η οποία πιθανόν χρονολογείται στον 5ο αιώνα π.Χ.

Βασιλική: *Corinth* I.1 (1932), σελ. 193–211. A. Ajootian, *Hesperia* 83 (2014), σελ. 315–377. **Βόρειο Κτήριο**: C. A. Pfaff, *Corinth* XX (2003), σελ. 135–136.

45 ΕΜΠΟΡΙΚΕΣ ΑΓΟΡΕΣ ΚΑΤΑ ΜΗΚΟΣ ΤΗΣ ΟΔΟΥ ΛΕΧΑΙΟΥ

Στη δυτική πλευρά της Οδού Λεχαίου, βόρεια της ομώνυμης βασιλικής 44, έχουν αποκαλυφθεί κατάλοιπα κτίσματος που έχει ταυτιστεί με εμπορική αγορά. Αν και δεν έχει ανασκαφεί πλήρως, η κάτοψη γίνεται εύκολα κατανοητή και περιλαμβάνει κεντρική αυλή με κιονοστοιχία και δωμάτια στις τρεις πλευρές της. Κατάλοιπα ενός παρόμοιου κτηρίου, τμήμα του οποίου καταστράφηκε στη συνέχεια για την κατασκευή του Περιβόλου του Απόλλωνα 40, αποκαλύφθηκαν στην ανατολική πλευρά του δρόμου, βόρεια της Κρήνης της Πειρήνης 37. Τα δύο αυτά κτίσματα αρχικά ταυτίστηκαν με αγορές, λόγω θραυσμάτων από επιγραφές που αποκαλύφθηκαν εκεί και αναφέρονται σε *macellum* (κρεαταγορά) Μ. Ωστόσο, πρόσφατα το δυτικό κτήριο ταυτίστηκε με γραφεία. Κάποια στιγμή, πιθανόν μετά το σεισμό της δεκαετίας του 70 μ.Χ., κατασκευάστηκε μέσα στα όρια της ορθογώνιας περίστυλης αυλής ημικυκλική ιωνική κιονοστοιχία, που σήμερα είναι γνωστή ως Ημικυκλικό Κτήριο.

Αρκετούς αιώνες νωρίτερα είχε χτιστεί στο ίδιο σημείο το λεγόμενο Συγκρότημα του Εμπόρου. Η μεγάλη αυτή οικία κατασκευάστηκε το τελευταίο τέταρτο του 7ου αιώνα π.Χ. και διέθετε τουλάχιστον τρία ή τέσσερα ορθογώνια δωμάτια. Καλύφθηκε από παχύ στρώμα αργίλου κάποια στιγμή μεταξύ 580 και 560 π.Χ. Πήρε το όνομά της από την κεραμική που ανασκάφθηκε εκεί. Ευρήματα ετρουσκικής κεραμικής με μελανή στιλπνή βαφή, που ονομάζεται *bucchero* (μπούκερο), καθώς και κύλικες από τη Χίο και τη Ρόδο καταδεικνύουν την εκτεταμένη γεωγραφικά εμπορική δραστηριότητα του ιδιοκτήτη, από την Ιταλία στα δυτικά έως τα νησιά του ανατολικού Αιγαίου.

Εμπορικές αγορές: *Corinth* VIII.2 (1931), αρ. 124, 125. Συγκρότημα του Εμπόρου: C. K. Williams II, J. MacIntosh, και J. E. Fisher, *Hesperia* 43 (1974), σελ. 14–24.

Εδώ τελειώνει η περιήγηση στον κεντρικό περιφραγμένο χώρο. Ο επισκέπτης εξέρχεται από την κλίμακα που οδηγεί στην πλατεία του χωριού. Για να κατευθυνθεί προς το Ωδείο ⓭ και το Θέατρο ⓮ πρέπει να στρίψει αριστερά και να περάσει στο αριστερό του χέρι το Παλαιό Μουσείο και τη βόρεια πλευρά του Λόφου του Ναού του Απόλλωνα. Στο δεξί του χέρι μετά τα κτήρια του χωριού μια παιδική χαρά είναι χτισμένη πάνω στον τεχνητό λόφο από τα ανασκαφικά χώματα. Απέναντι από το χώρο στάθμευσης μπροστά από το μουσείο, βρίσκεται το Ωδείο (στη νότια πλευρά του δρόμου) και το Θέατρο (στη βόρεια πλευρά).

⓭ ΩΔΕΙΟ

Το ρωμαϊκό Ωδείο της Κορίνθου ήταν ένα μικρό, στεγασμένο θέατρο όπου λάμβαναν χώρα μουσικές παραστάσεις και ρητορικοί αγώνες (Εικ. 105). Περιλάμβανε το κτήριο της σκηνής, δύο στεγασμένες παρόδους (εισόδους), ημικυκλική ορχήστρα και εδώλια (Εικ. 106, 107). Εικάζεται ότι ήταν

Εικόνα 105. Άποψη του Ωδείου, λήψη από τα βόρεια (1931)

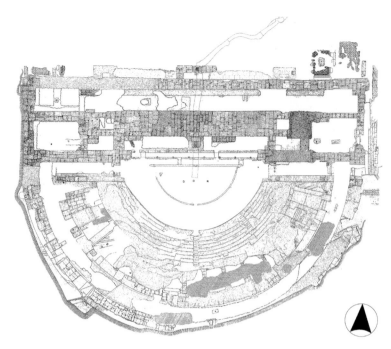

Εικόνα 106. Κάτοψη του Ωδείου

Εικόνα 107. Δυτικό άκρο του ημικυκλικού διαδρόμου που περιβάλλει το κοίλο του Ωδείου (1931)

Εικόνα 108. Ψηφιδωτά δάπεδα από δωμάτια στο δυτικό άκρο της αυλής του Ωδείου (1931)

χωρητικότητας περίπου 3.000 θεατών. Κατασκευάστηκε τον 1ο αιώνα μ.Χ. και αναδιαμορφώθηκε στα μέσα του 2ου αιώνα μ.Χ., ενδεχομένως με δαπανη του διασημου ευεργέτη και φιλάνθρωπου Ηρώδη του Αττικού. Μια περίστυλη αυλή χτίστηκε στα βόρεια του οικοδομήματος της σκηνής και ένωνε το Ωδείο με το Θέατρο **47** διαμορφώνοντας ένα ενοποιημένο κτηριακό συγκρότημα. Ένα κολοσσιαίο άγαλμα της θεάς Αθηνάς **Μ** που αποκαλύφθηκε στο Ωδείο, καθώς και τα κατάλοιπα των ψηφιδωτών δαπέδων του (Εικ. 108) αποτελούν δείγματα της εντυπωσιακής διακόσμησής του. Η περίστυλη αυλή και τμήμα του οικοδομήματος της σκηνής καταστράφηκαν από πυρκαγιά κι έτσι ακολούθησε η τρίτη οικοδομική φάση του Ωδείου (περ. 225 μ.Χ.), κατά την οποία αφαιρέθηκαν οι κατώτερες 8 σειρές των καθισμάτων του κοίλου προκειμένου να μετατραπεί σε η ορχήστρα αρένα μονομάχων· το δε κτήριο της σκηνής περιήλθε σε αχρηστία. Τελικά, το Ωδείο καταστράφηκε στα τέλη του 4ου αιώνα μ.Χ. και στη συνέχεια χτίστηκαν εκεί κατοικίες (Εικ. 109).

Corinth X (1932).

Εικόνα 109. Ηλιακό ρολόι σε τοίχο του ημικυκλικού διαδρόμου του Ωδείου (1931). Πιθα-νότατα χρονολογείται στην περίοδο κατά την οποία το κατεστραμμένο κτίσμα κατοική-θηκε από ιδιώτες, καθώς μόνο τότε το φως του ήλιου έπεφτε στον τοίχο του διαδρόμου.

❹ ΘΕΑΤΡΟ
⚡ Ένα απόκρημνο μονοπάτι με σκαλιά οδηγεί από το δρόμο καθοδικά προς το θέατρο.

Στο Θέατρο πραγματοποιούνταν τόσο θεατρικές όσο και μουσικές παραστάσεις (Εικ. 110). Η πρώτη από σειρά οικοδομικών φάσεων ανά-γεται στα τέλη του 5ου αιώνα π.Χ. και περιλάμβανε μόνιμα καθίσματα, αλλά ξύλινη σκηνή. Κατά την ελληνιστική εποχή, διαμορφώθηκε νέα ορχήστρα και σκηνικό οικοδόμημα, ενώ κατά τα πρώτα χρόνια ηγε-μονίας του Αυγούστου το κτήριο προσαρμόστηκε στις ρωμαϊκές προ-τιμήσεις. Στις αρχές του 1ου αιώνα μ.Χ. η κλίση των καθισμάτων έγινε πιο απότομη και στο ανώτερο τμήμα του κοίλου προστέθηκε σκεπα-στή στοά. Το κτήριο της σκηνής ανακατασκευάστηκε στα χρόνια του αυτοκράτορα Αδριανού και της δυναστείας των Αντωνίνων: περιλάμ-βανε τριώροφη πρόσοψη με κίονες και ανάγλυφες πλάκες κάτω από τους κίονες (Εικ. 111). Οι πλάκες απεικόνιζαν σκηνές από μάχες μεταξύ θεών και γιγάντων, Ελλήνων και Αμαζόνων, καθώς και σκηνές από τους άθλους του Ηρακλή ⓜ. Αργότερα κατά τη διάρκεια της ρωμαϊ-κής εποχής, η θεατρική αισθητική άλλαξε και η ορχήστρα του Θεάτρου μετατράπηκε σε αρένα μονομάχων. Οι χαμηλότερες θέσεις του κοίλου που περιέβαλαν την ορχήστρα αφαιρέθηκαν, ώστε να δημιουργηθεί κάθετο παραπέτασμα που διαχώριζε το κοινό από τους μονομάχους. Το παραπέτασμα ήταν διακοσμημένο με τοιχογραφίες που απεικόνιζαν

Εικόνα 110. Ανασκαφή στο κοίλο του Θεάτρου, λήψη από τα βόρεια (1926)

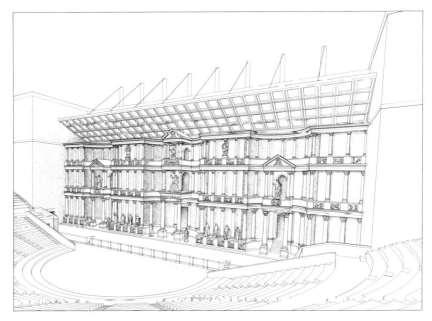

Εικόνα 111. Προοπτική αναπαράσταση του σκηνικού οικοδομήματος του Θεάτρου κατά τους αυτοκρατορικούς χρόνους του Αδριανού

Εικόνα 112. Η Josephine Platner Shear αποτυπώνει τοιχογραφίες που διατηρούνταν στο παραπέτασμα ανάμεσα στις θέσεις του κοίλου και την ορχήστρα του Θεάτρου (1925)

λιοντάρια, ταύρο, λεοπάρδαλη και άνδρες που πάλευαν με άγρια ζώα (Εικ. 112). Μια εγχάρακτη επιγραφή κάτω από ένα λιοντάρι αναφέρεται στο μύθο του Ανδροκλή και του λιονταριού. Αργότερα, η ορχήστρα επικαλύφθηκε με υδατοστεγές κονίαμα, προκειμένου να πραγματοποιούνται εκεί θεάματα που χρησιμοποιούσαν νερό, όπως μπαλέτα μέσα στο νερό.

Στο δάπεδο της αυλής που βρίσκεται ανατολικά της σκηνής υπάρχει ενεπίγραφος λίθος σε δεύτερη χρήση με εγκοπές που είχαν σχεδιαστεί για να υποδεχτούν χυτευμένα χάλκινα γράμματα. Η επιγραφή «ERASTUS PRO AEDILITATE S P STRAVIT» μεταφράζεται ως εξής: «Λιθοστρώθηκε από τον Έραστο, με δικά του έξοδα, ως αντάλλαγμα για το αξίωμα του διαχειριστή δημόσιων έργων» (Εικ. 113). Ένας οικονόμος από την Κόρινθο με το

Εικόνα 113. Η επιγραφή του Έραστου κατά χώραν (Ι-2436), στα ανατολικά της σκηνής του Θεάτρου

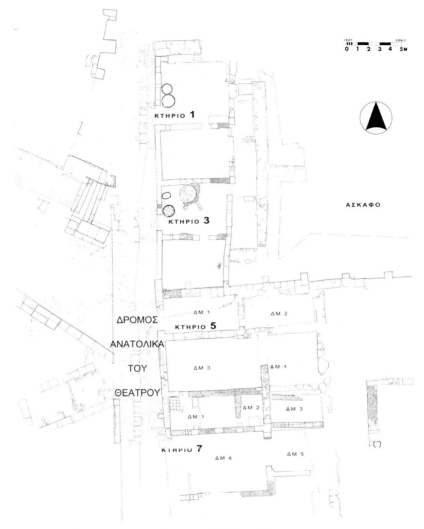

Εικόνα 114. Κάτοψη των ανασκαφών στα ανατολικά του Θεάτρου

όνομα Έραστος αναφέρεται στην επιστολή του Απόστολου Παύλου Προς Ρωμαίους (16.23) και πολλοί πιστεύουν ότι πρόκειται για το ίδιο πρόσωπο.

Στην αρχαιότητα, η κύρια πρόσβαση προς το Θέατρο από τη Ρωμαϊκή Αγορά γινόταν από δρόμο με κατεύθυνση βόρεια νότια που σήμερα είναι γνωστός ως «Δρόμος Ανατολικά του Θεάτρου». Τη δεκαετία του 1980 στην ανατολική πλευρά αυτού του δρόμου ανασκαφικές εργασίες ανέδειξαν μια σειρά κτηρίων (Εικ. 114). Δύο από αυτά, Κτήρια 1 και 3, ήταν καταστήματα

Εικόνα 115. Τοιχογραφία από κτήριο ανατολικά του Θεάτρου που απεικονίζει το Δία να κρατά σκήπτρο, στην κορυφή του οποίου πιθανόν υπήρχε αετός

Εικόνα 116. Τοιχογραφία από κτήριο ανατολικά του Θεάτρου που απεικονίζει την Αφροδίτη να κοιτάζει το είδωλό της στην ασπίδα του Άρη

που πουλούσαν φαγητό στους θεατές του θεάτρου. Το βόρειο δωμάτιο του κάθε κτηρίου διέθετε ξυλόφουρνο, ενώ μεγάλες ποσότητες ζωικού οστεολογικού υλικού βρέθηκαν στο νότιο δωμάτιο του Κτηρίου 3. Χτίστηκαν τον 1ο αιώνα μ.Χ. αλλά καταστράφηκαν από σεισμό μεταξύ 125 και 150 μ.Χ.

Τα Κτήρια 5 και 7 χτίστηκαν ακόμη νοτιότερα και ψηλότερα στην παρειά του λόφου. Τοίχος με αντηρίδες υποστήριξε το έδαφος πάνω στο οποίο κατασκευάστηκαν και ταυτόχρονα τα διαχώριζε από τους χώρους προετοιμασίας του φαγητού βορειότερα. Τα κτήρια αυτά συνδέονταν με θρησκευτικές δραστηριότητες, όπως λατρεία της Αφροδίτης, της Ίσιδας, του Σέραπι και της Κυβέλης. Τοιχογραφίες από το Κτήριο 5 εκτίθενται στο μουσείο Ⓜ. Στο Δωμάτιο 2 του Κτηρίου 7 οι τοιχογραφίες απεικονίζουν σε λευκό φόντο θεότητα σε μικρή κλίμακα, το Δία, την Αφροδίτη, την Αθηνά, την Ήρα και τον Ηρακλή, πλαισιωμένους από ψηλούς κορινθιακούς κίονες (Εικ. 115, 116). Τα Κτήρια 5 και 7 χτίστηκαν τον 1ο αιώνα μ.Χ. Είχαν την τύχη των Κτηρίων 1 και 3, αλλά αποκαταστάθηκαν και συνέχισαν να χρησιμοποιούνται μέχρι που καταστράφηκαν από σεισμό στα τέλη του 4ου αιώνα μ.Χ. Τα τμήματα των κτηρίων που είχαν καταπέσει στο δρόμο από το σεισμό απομακρύνθηκαν και ο δρόμος παραδόθηκε και πάλι στην κυκλοφορία μέχρι και τον 5ο αιώνα μ.Χ.

Ο Δρόμος Ανατολικά του Θεάτρου και ένας πλατύς *decumanus* (δρόμος με κατεύθυνση ανατολικά-δυτικά) κατέληγαν σε υπαίθρια λιθόστρωτη αυλή ανατολικά της σκηνής του Θεάτρου, όπου βρίσκεται η επιγραφή του Έραστου.

Ένα μερικώς διατηρημένο πλίνθινο κτήριο που υψώνεται στα χωράφια βόρεια του Θεάτρου πιθανόν ταυτίζεται με λουτρό που χρονολογείται μετά το 200 μ.Χ. Μέσα από τις οπές που είναι ορατές στους τοίχους του ενδεχομένως περνούσαν οι αγωγοί που μετέφεραν νερό στο λουτρό.

Θέατρο και γλυπτός διάκοσμος: *Corinth* II (1952)· *Corinth* IX.2 (1977)· *Corinth* IX.3 (2004). Επιγραφή του Έραστου: *Corinth* VIII.3 (1966), αρ. 232. Ανασκαφές ανατολικά του Θεάτρου: C. K. Williams II και Ο. Zervos, *Hesperia* 58 (1989) 1–50. Λουτρό: J. Biers, *Corinth* XX (2003), σελ. 308–309.

Περιήγηση
εκτός της
Ρωμαϊκής
Αγοράς

ΝΟΤΙΑ ΤΗΣ ΡΩΜΑΪΚΗΣ ΑΓΟΡΑΣ

Η περιοχή γύρω από το χωριό της Αρχαίας Κορίνθου είναι γεμάτη από μνημεία όλων των εποχών. Ορισμένα από αυτά περιεκλείονται από περίφραξη, ενώ άλλα βρίσκονται ελεύθερα στο χώρο. Καλούν τους επισκέπτες να τα εξερευνήσουν μέσα στο τοπίο και να απολαύσουν αυτή την αίσθηση της ανακάλυψης. Όσοι επισκέπτες επιθυμούν να επισκεφθούν τα προστατευμένα μνημεία, θα πρέπει να απευθυνθούν στους φύλακες στην είσοδο του αρχαιολογικού χώρου.

48 ΚΡΗΝΗ ΤΟΥ ΧΑΤΖΗ ΜΟΥΣΤΑΦΑ

Ⓝ (700 μ., 11 λεπτά) Ο επισκέπτης πρέπει να προχωρήσει 75 μ. νοτιοδυτικά από την είσοδο του αρχαιολογικού χώρου και αμέσως να κατευθυνθεί νότια για περίπου 625 μ. Η κρήνη είναι ορατή στους πρόποδες του Ακροκορίνθου 50.

Χατζή Μουσταφά είναι το όνομα με το οποίο είναι ευρέως γνωστή η κρήνη που βρίσκεται στους πρόποδες του Ακροκορίνθου (Εικ. 117). Αποτελείται από μια δεξαμενή, όπου συλλέγεται το νερό από γειτονική πηγή, και μια αψιδωτή πρόσοψη από ασβεστόλιθο και επαναχρησιμοποιη μένα μαρμάρινα μέλη. Αραβική επιγραφή σε τρεις σειρές αναφέρεται στη δωρεά, χάρη στην οποία κατασκευάστηκε η κρήνη:

Εικόνα 117. Η Κρήνη του Χατζή Μουσταφά

*Ο Ιωσήφ ο Ράπτης παρήγγειλε την κατασκευή αυτή για
τρεχούμενο νερό αποκλειστικά με δικά του έξοδα, για την
αγάπη του Θεού, μεγάλο το όνομά του, και επιθυμώντας να
ευχαριστήσει τον ελεήμονα Κύριο, το εννιακοσιοστό εικοστό
πρώτο έτος [της Εγίρας (1515 μ.Χ.)].*

Το νερό προέρχεται από μια μικρή γειτονική πηγή και χρησιμοποιείται
καθημερινά από τους κατοίκους του χωριού.

P. A. MacKay, *Hesperia* 36 (1967), σελ. 193–195.

ΙΕΡΟ ΤΗΣ ΔΗΜΗΤΡΑΣ ΚΑΙ ΚΟΡΗΣ

⊘ (1,7 χλμ., 24 λεπτά) Από την Κρήνη του Χατζή Μουσταφά **48** ο επισκέπτης μπορεί να
ακολουθήσει δύο διαφορετικές διαδρομές. Μπορεί να αναρριχηθεί σε ένα από τα μονοπάτια
πίσω από την Κρήνη για μια εξαιρετικά κουραστική αλλά σύντομη ανάβαση 200 μ. προς τα
νότια, ανεβαίνοντας ευθεία την πλαγιά. Η εναλλακτική λύση είναι να ακολουθήσει το δρόμο
που ανεβαίνει προς τον Ακροκόρινθο **50** προς τα νοτιοανατολικά για 1 χλμ. κι έπειτα να
στρίψει προς τα νοτιοδυτικά. Θα περάσει από μια μεταλλική πόρτα στην άκρη του δρόμου
και θα κατεβεί μερικά ξύλινα σκαλοπάτια. Το μεγαλύτερο τμήμα του ιερού έχει καταχωθεί.

Οι ανασκαφές που πραγματοποιήθηκαν στη βόρεια κλιτύ του Ακρο-
κορίνθου τις δεκαετίες του 1960 και του 1970 αποκάλυψαν ιερό, το

Εικόνα 118. Ανασκαφή στο Ιερό της Δήμητρας και Κόρης με τον Ακροκόρινθο στο βάθος

μεγαλύτερο στην Ελλάδα μετά από εκείνο της Ελευσίνας, αφιερωμένο στη Δήμητρα και την κόρη της, Περσεφόνη (Εικ. 118). Αρχαίος δρόμος οδηγεί σε πομπική κλίμακα, στις δυο πλευρές της οποίας αναπτύσσονταν τουλάχιστον 40 χώροι εστίασης. Ο πρωιμότερος από αυτούς χρονολογείται στα τέλη του 6ου αιώνα π.Χ. και ο υστερότερος στα τέλη του 4ου αιώνα π.Χ. (Εικ. 119, 120). Το κέντρο της λατρείας αρχικά περιλάμβανε αυλή με μικρό ναό στο ένα άκρο και υπερυψωμένο άνδηρο με βωμό για θυσίες στη μια πλευρά. Κοντά στα τέλη του 4ου αιώνα π.Χ. το ιερό αναδιαμορφώθηκε. Η πρόσβαση πλέον προς το λατρευτικό κέντρο γινόταν από ένα δωρικό πρόπυλο, ο ναός μεταφέρθηκε ψηλότερα πάνω στο λόφο και προστέθηκε ένα μικρό θέατρο, χωρητικότητας μέχρι 100 άτομα. Στοά αντικατέστησε τον παλιό ναό, στο ανατολικό άκρο της οποίας υπήρχε βαθύς λάκκος θυσιών. Δεκάδες χιλιάδες αναθήματα έχουν έρθει στο φως –ορισμένα με ενεπίγραφες αφιερώσεις στις δύο θεές– και περιλαμβάνουν κεραμική, ειδώλια, μεγάλα πήλινα αγάλματα (Εικ. 121), κοσμήματα και υφαντικά βάρη. Ορισμένα από τα αναθήματα αυτά εκτίθενται στο μουσείο Ⓜ.

Μετά την επανίδρυση της Κορίνθου από τους Ρωμαίους, τον 1ο αιώνα μ.Χ. ανεγέρθηκε ένα νέο ιερό πάνω στο παλιό (Εικ. 122). Οι χώροι

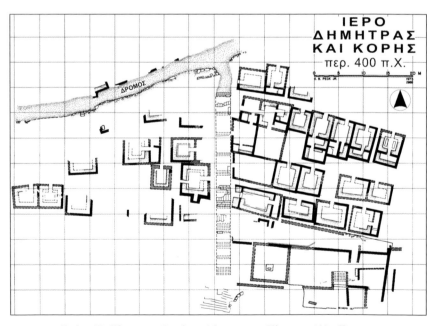

Εικόνα 119. Κάτοψη του Ιερού της Δήμητρας και Κόρης στο 400 π.Χ.

Εικόνα 120. Χώρος εστίασης στο Ιερό της Δήμητρας και Κόρης, λήψη από τα δυτικά

Εικόνα 121. Μεγάλο πήλινο γλυπτό από το Ιερό της Δήμητρας και Κόρης

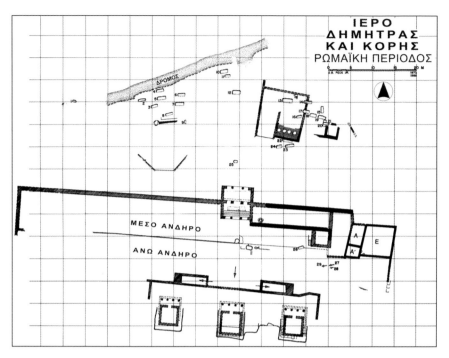

Εικόνα 122. Κάτοψη του Ιερού της Δήμητρας και Κόρης στη ρωμαϊκή εποχή

εστίασης και η πομπική κλίμακα καλύφθηκαν, το πρόπυλο διευρύνθηκε και χτίστηκαν τρεις μικροί ιωνικοί ναοί. Ο κεντρικός ναός περιλαμβάνει ψηφιδωτό δάπεδο με γεωμετρικό μοτίβο και ένθετο πλαίσιο όπου απεικονίζονται δύο καλάθια τυλιγμένα με φίδια και ανάμεσά τους βρίσκεται το αποτύπωμα δύο πελμάτων (Εικ. 123, 124). Σύμφωνα με επιγραφή στο ψηφιδωτό, χορηγός του ήταν ο νεωκόρος του ναού, Οκτάβιος Αγαθόπους, ο οποίος έκανε αυτή τη δωρεά όταν «η Χαρά ήταν ιέρεια της Νεοτέρας (Κόρης)». Ένας από τους χώρους εστίασης στην κατωφέρεια της πλαγιάς βόρεια από το πρόπυλο μετατράπηκε σε κτίριο ρωμαϊκής λατρείας όπου αφιερώνονταν *κατάδεσμοι* (κατάρες). Το Ιερό της Δήμητρας και Κόρης εγκαταλείφθηκε ως λατρευτικός χώρος στα τέλη του 4ου αιώνα μ.Χ. Τον 6ο αιώνα μ.Χ. η περιοχή χρησιμοποιήθηκε ως νεκροταφείο.

Corinth Notes 2 (1987)· *Corinth* XVIII.1 (1989)· *Corinth* XVIII.2 (1990)· *Corinth* XVIII.3 (1997)· *Corinth* XVIII.4 (2000)· *Corinth* XVIII.5 (2010)· *Corinth* XVIII.6 (2013)· *Corinth* XVIII.7 (2015).

Εικόνα 123. Ναός με ψηφιδωτό δάπεδο, Ιερό Δήμητρας και Κόρης, λήψη από τα ανατολικά

Εικόνα 124. Λεπτομέρεια του ψηφιδωτού δαπέδου, λήψη από τα βόρεια. Σε ορθογώνιο πλαίσιο διακοσμημένο περιμετρικά απεικονίζονται δυο πλεκτά καλάθια από κλαδιά λυγαριάς, με φίδι τυλιγμένο γύρω απ' το καθένα. Τα καλάθια πλαισιώνουν το αποτύπωμα δύο πελμάτων. Στην επιγραφή αναφέρεται το όνομα του δωρητή του ψηφιδωτού δαπέδου, ενός νεωκόρου με το όνομα Οκτάβιος Αγαθόπους.

⑤⓪ ΑΚΡΟΚΟΡΙΝΘΟΣ

⊗ (3,6 χλμ. έως το χώρο στάθμευσης μπροστά από τις πύλες, 50 λεπτά κουραστικής ανάβασης ή σύντομη διαδρομή με αυτοκίνητο). Από την Κρήνη του Χατζή Μουσταφά ㊽, ο επισκέπτης πρέπει να ακολουθήσει το δρόμο προς τα νοτιοανατολικά κι έπειτα να στρίψει νοτιοδυτικά, κινούμενος γύρω από τη δυτική πλευρά του βράχου, προς το χώρο στάθμευσης και τις πύλες του κάστρου. Το μονοπάτι που διασχίζει τις τρεις πύλες είναι μια σύντομη και απότομη ανηφόρα, ενώ χρειάζονται 45 λεπτά ανάβασης από το χώρο στάθμευσης έως την κορυφή. Επιπλέον χρόνος είναι απαραίτητος αν θέλει κάποιος να εξερευνήσει το χώρο.

Ο Ακροκόρινθος (575 μ. ύψος, Εικ. 125) αναφέρεται από το Φίλιππο Ε΄, έναν από τους Μακεδόνες βασιλείς, ως ένα από τα «δεσμά της Ελλάδας» (Πολύβιος 18.11), επειδή ήλεγχε το δρόμο που διέσχιζε τον Ισθμό, το πέρασμα μεταξύ Ισθμού και Ονείων ορέων που οδηγεί νότια στις Κλεωνές και στο Άργος, καθώς και τον παράκτιο δρόμο προς τα δυτικά και τη Σικυώνα. Τα αρχαιότερα τείχη πιθανότατα ανάγονται στην προϊστορική εποχή, αλλά τα παλαιότερα χρονολογημένα τείχη ανήκουν στον 4ο αιώνα π.Χ. (Εικ. 126). Οι οχυρώσεις αυτές, τις οποίες ο Δημήτριος ο Πολιορκητής κατέλαβε το 303 π.Χ., αποδυναμώθηκαν σε μεγάλο βαθμό το 146 π.Χ. από το Ρωμαίο στρατηγό Μόμμιο. Το μεγαλύτερο μέρος των τειχών που είναι ορατά σήμερα χτίστηκε κατά τη βυζαντινή εποχή και ενισχύθηκε επί Οθωμανών

Εικόνα 125. Οι τρεις δυτικές πύλες του Ακροκορίνθου. Η εξωτερική είναι οθωμανική, η μεσαία ενετική και τμήμα της εσωτερικής χρονολογείται στον 4ο αιώνα π.Χ. (1932).

Εικόνα 126. Η εσωτερική πύλη του Ακροκορίνθου

και Ενετών, αλλά και κατά τους νεότερους χρόνους. Μέσα στο χώρο που περικλείουν τα τείχη είναι ορατά διάσπαρτα τα κατάλοιπα τζαμιών, κρηνών και οικιών που ανήκουν στον οικισμό της οθωμανικής περιόδου (Εικ. 127), όπως περιγράφεται από διάφορους περιηγητές που επισκέφθηκαν το χώρο, ο Evliya Celebi το 1668 και οι Wheler και Spon το 1676. Δίπλα στην Κρήνη της Άνω Πειρήνης βρίσκεται ενετικό κτήριο που χρησιμοποιήθηκε ως στρατώνας της Βαυαρικής φρουράς του βασιλιά Όθωνα.

Ο παλαιότερος αρχαιοδίφης που μελέτησε τον Ακροκόρινθο ήταν ο Κυριακός ο Αγκωνίτης, ο οποίος, το 1436, μετέγραψε αρκετές επιγραφές από τους τοίχους της Κρήνης της Άνω Πειρήνης. Το 1896, η Αμερικανική Σχολή διάνοιξε δοκιμαστικές τομές στην κορυφή του Ακροκορίνθου και αποκάλυψε τμήμα αρχαίου λατομείου, ενώ το 1926 ανέσκαψε την κορυφή με την ελπίδα να φέρει στο φως κατάλοιπα του Ναού της Αφροδίτης, που είχε περιγράψει ο Παυσανίας (2.5.1). Ο διευθυντής των ανασκαφών, Carl Blegen, επιστράτευσε μια ομάδα πεπειραμένων εργατών από τις Μυκήνες, οι οποίοι είχαν ήδη εργαστεί μαζί του στις Ζυγουριές, στη Νεμέα, στο Φλιούντα και στο Ηραίο του Άργους. Ο αριθμός των εργατών κυμαίνονταν από 16 έως 51 άνδρες και χρησιμοποιούσαν ως κατάλυμα το τζαμί που

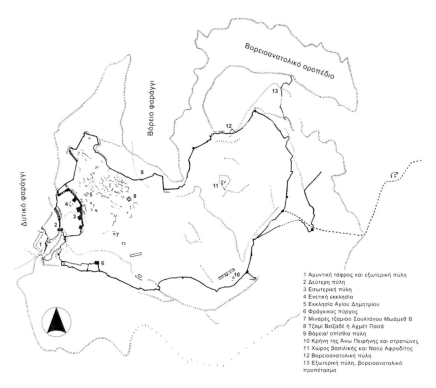

1 Αμυντική τάφρος και εξωτερική πύλη
2 Δεύτερη πύλη
3 Εσωτερική πύλη
4 Ενετική εκκλησία
5 Εκκλησία Αγίου Δημητρίου
6 Φράγκικος πύργος
7 Μιναρές τζαμιού Σουλτάνου Μωάμεθ Β
8 Τζαμί Βεϊζαδέ ή Αχμέτ Πασά
9 Βόρεια/ οπίσθια πύλη
10 Κρήνη της Άνω Πειρήνης και στρατώνες
11 Χώρος βασιλικής και Ναού Αφροδίτης
12 Βορειοανατολική πύλη
13 Εξωτερική πύλη, βορειοανατολικό προπέτασμα

Εικόνα 127. Κάτοψη του Ακροκορίνθου

βρίσκεται λίγο χαμηλότερα από την κορυφή (Εικ. 128). Το προσωπικό της Αμερικανικής Σχολής διανυκτέρευε στο χωριό και ανέβαινε καθημερινά την απότομη πλαγιά για να πάει στην ανασκαφή. Κοντά στο φυσικό βράχο οι ανασκαφείς ανέσκαψαν τμήμα μυκηναϊκού ειδωλίου και υπομυκηναϊκή/ πρωτογεωμετρική κεραμική. Χρονολόγησαν τμήμα τοίχου στην πρωτοκορινθιακή–κορινθιακή περίοδο με βάση την κεραμική. Θραύσματα λίθων που ανάγονται στην ελληνιστική εποχή και θεωρούνται ότι προέρχονται από το Ναό της Αφροδίτης, αποκαλύφθηκαν επαναχρησιμοποιημένα στους τοίχους μιας μικρής βασιλικής του 7ου αιώνα μ.Χ., σε έναν μεσαιωνικό πύργο, και σε έναν μικρό μουσουλμανικό τεκέ, όλα κτήρια που χτίστηκαν διαδοχικά στην κορυφή του λόφου στο ίδιο σημείο. Ο Blegen εξερεύνησε και την Κρήνη της Άνω Πειρήνης. Η ομάδα του σχεδίασε κατόψεις, τομές και όψεις του κτίσματος και των σηράγγων και τεκμηρίωσε τις επιγραφές που πρώτος κατέγραψε ο Κυριακός πέντε αιώνες νωρίτερα.

📖

Corinth III.1 (1930)· Corinth III.2 (1936)

Εικόνα 128. Άποψη από τον Ακροκόρινθο προς τα βόρεια. Στο μέσο διακρίνεται το τζαμί του Βεϊζαδέ ή Αχμέτ Πασά (1932).

ΧΡΟΝΟΛΟΓΙΟ ΓΙΑ ΤΟΝ ΑΚΡΟΚΟΡΙΝΘΟ ΑΠΟ ΤΗΝ ΕΛΛΗΝΙΣΤΙΚΗ ΕΠΟΧΗ ΕΩΣ ΤΟ 19ο ΑΙΩΝΑ

303 π.Χ.	Ο Δημήτριος ο Πολιορκητής καταλαμβάνει τον Ακροκόρινθο από το Μακεδόνα βασιλιά Κάσσανδρο
243 π.Χ.	Ο Άρατος της Σικυώνας καταλαμβάνει τον Ακροκόρινθο από τον Αντίγονο Γονατά
224 π.Χ.	Ο Άρατος παραδίδει τον Ακροκόρινθο στο Μακεδόνα βασιλιά Αντίγονο Γ´ Δώσωνα
146 π.Χ.	Ο Ρωμαίος στρατηγός Λεύκιος Μόμμιος πλήττει τις οχυρώσεις της Κορίνθου
1210 μ.Χ.	Ο Ακροκόρινθος πέφτει στα χέρια του Γοδεφρείδου Βιλλεαρδουίνου –Γάλλου ιππότη που συμμετείχε στην Δ´ Σταυροφορία κι έπειτα έγινε πρίγκιπας της Αχαΐας– μετά από πολιορκία πέντε χρόνων
1358 μ.Χ.	Ο Ακροκόρινθος παραδίδεται στο Nicolo Acciaioli, μέλος οικογένειας τραπεζιτών από τη Φλωρεντία
1394 μ.Χ.	Ο Ακροκόρινθος βρίσκεται στα χέρια του Θεόδωρου Α´ Παλαιολόγου, Δεσπότη του Μυστρά
1395 μ.Χ.	Ο Nicolai de Marthono, περιηγητής στο δρόμο για τους Αγίους Τόπους, παρατηρεί ότι λίγα μόνο σπίτια κατοικούνταν (50 οικογένειες)
1400–1404 μ.Χ.	Ιωαννίτες ιππότες επισκευάζουν τα τείχη
1458 μ.Χ.	Ο Μωάμεθ Β´ ο Πορθητής καταλαμβάνει τον Ακροκόρινθο
1612 μ.Χ.	Σύντομη κατοχή του Ακροκορίνθου από τους Ιππότες της Μάλτας
1687 μ.Χ.	Οι Ενετοί προελαύνουν στην Κόρινθο χωρίς να συναντήσουν αντίσταση
1715 μ.Χ.	Ανακατάληψη της Κορίνθου από τους Οθωμανούς
1821 μ.Χ.	Ο Ακροκόρινθος καταλαμβάνεται από Χριστιανούς Αρβανίτες από τη Μεγαρίδα. Ο Κιαμήλ Μπέης κρατείται αιχμάλωτος και αργότερα θανατώνεται εκεί
Ιανουάριος 1822 μ.Χ.	Ο Ακροκόρινθος παραδίδεται στον Θεόδωρο Κολοκοτρώνη
Ιούλιος 1822 μ.Χ.	Σύντομη κατάληψη του Ακροκορίνθου από τις δυνάμεις του Μαχμούτ Πασά Δράμαλη, διοικητή της Λάρισας, της Δράμας και του Μοριά

ΔΥΤΙΚΑ ΤΗΣ ΡΩΜΑΪΚΗΣ ΑΓΟΡΑΣ

51 ΑΝΑΠΛΟΓΑ

N (Κλειδωμένος χώρος· 850 μ., 11 λεπτά) Η ρωμαϊκή οικία, η οποία δεν είναι προσβάσιμη ούτε ορατή, βρίσκεται περίπου 600 μ. νοτιοδυτικά της εισόδου του κεντρικού αρχαιολογικού χώρου, στη βόρεια πλευρά του σύγχρονου δρόμου μετά τη στροφή για τον Ακροκόρινθο **50**. 250 μ. παρακάτω διακρίνονται σαρκοφάγοι από το νεκροταφείο μέσα σε περιφραγμένο χώρο, επίσης στη βόρεια πλευρά του δρόμου.

Αναπλογά (παλιά) ή Άγιοι Ανάργυροι (σήμερα) είναι ο μικρός συνοικισμός 1 χλμ. νοτιοδυτικά του κυρίως αρχαιολογικού χώρου. Στις αρχές της δεκαετίας του 1960, ο τότε διευθυντής της ΑΣΚΣΑ, Henry Robinson, πραγματοποίησε αρκετές ανασκαφές μικρής κλίμακας στην περιοχή. Σε μία από αυτές αποκαλύφθηκε ρωμαϊκή οικία με περίτεχνα ψηφιδωτά δάπεδα **M**. Η οικία χρονολογείται μεταξύ του ύστερου 2ου αιώνα και πρώιμου 3ου αιώνα μ.Χ. (Εικ. 129). Άλλη ανασκαφή έφερε στο φως μικρό νεκροταφείο και φρεάτιο επιθεώρησης, που παρείχε πρόσβαση σε υπόγειους υδραγωγούς με μήκος μεγαλύτερο από 700 μ. Ένα από τα πηγάδια που ανασκάφηκαν περιείχε άφθονη πρώιμη, μέση και ύστερη κορινθιακή κεραμική (αρχές 7ου–μέσα 6ου αιώνα π.Χ.), μεγάλο μέρος της οποίας έχει συγκολληθεί.

S. G. Miller, *Hesperia* 41 (1972), σελ. 332 354· *Corinth* VII.2 (1975)

52 ΚΕΡΑΜΕΙΚΟΣ

N (700 μ., 25 λεπτά) Από την εκκλησία των Αγ. Αναργύρων (1 χλμ. νοτιοδυτικά της εισόδου του κυρίως αρχαιολογικού χώρου) ο επισκέπτης πρέπει να κατευθυνθεί νοτιοδυτικά 100 μ. και να διασχίσει μια κοιλάδα. Στον ασφαλτοστρωμένο δρόμο προς τα δυτικά μετά 100 μ. θα συναντήσει μια διχάλα. Πρέπει να ακολουθήσει το δρόμο προς τα βορειοδυτικά και θα καταλήξει στην άκρη της κοιλάδας μετά από 300 μ. Βόρεια μέσα στους πορτοκαλεώνες και τις ελιές με τά 200 μ., ο Κεραμεικός εκτείνεται στην άκρη της κοιλάδας.

Ο Κεραμεικός, στο δυτικό άκρο των κλασικών τειχών της Κορίνθου, αποτελούσε συγκρότημα εργαστηρίων και κατοικιών κεραμέων για τρεις αιώνες (7ος–4ος αιώνας π.Χ., Εικ. 130, 131). Μεγάλες ποσότητες κεραμικής παρήχθησαν εδώ και ταξίδεψαν ο τη δυτική Μεσόγειο. Οι ανασκαφές έφεραν στο φως απορρίμματα κεραμικής από λευκή μαργαϊκή άργιλο, η οποία απαντά στην περιοχή κάτω από τον ασβεστολιθικό φυσικό βράχο **M**. Μήτρες (καλούπια) αποδεικνύουν ότι οι κεραμείς έφτιαχναν επίσης ειδώλια (Εικ. 132), ζωγραφισμένα πλακίδια και αναθηματικές ασπίδες **M**. Ανασκάφηκαν τέλος έξι ιερά στήλης (Εικ. 133) **M**.

Corinth XV.1 (1948)· *Corinth* XV.2 (1952)· *Corinth* XV.3 (1984)

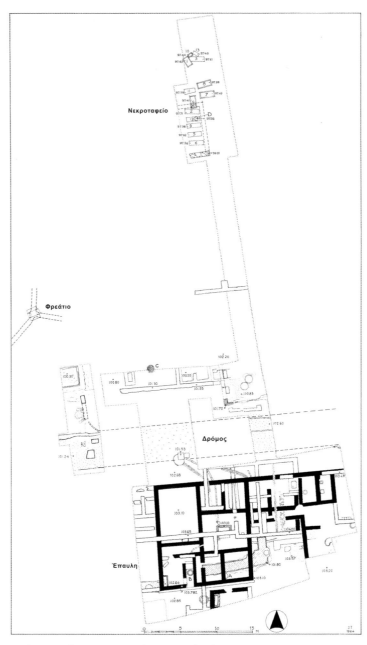

Εικόνα 129. Κάτοψη της περιοχής της Αναπλογάς

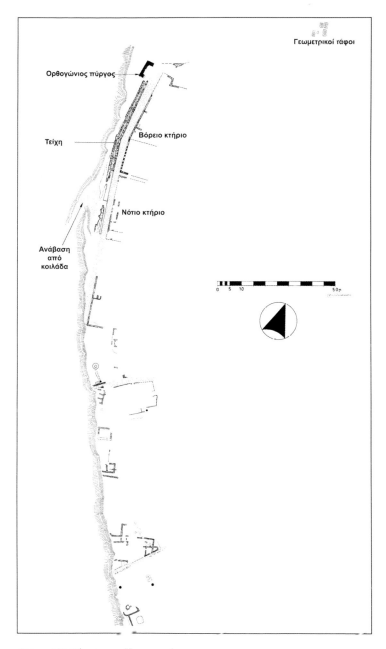

Εικονα 130. Κάτοψη του Κεραμεικού

Εικόνα 131. Άποψη του Κεραμεικού (1931)

Εικόνα 132. Πήλινα ειδώλια από τον Κεραμεικό (περ. 6ος αιώνας π.Χ.)

Εικόνα 133. Στήλη από τον Κεραμεικό, η οποία είχε σπάσει και επισκευαστεί στην αρχαιότητα

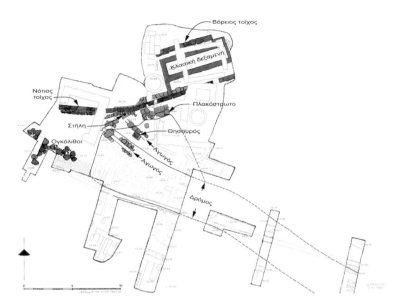

Εικόνα 134. Κάτοψη της Κοκκινόβρυσης την κλασική εποχή, όπου δηλώνεται η θέση του ιερού στήλης

🌕 ΚΟΚΚΙΝΟΒΡΥΣΗ / ΡΩΜΑΪΚΗ ΕΠΑΥΛΗ SHEAR

🇳 **(1,3 χλμ., 15 λεπτά) Ακολουθώντας το δρόμο ανάμεσα στο Ωδείο και το θέατρο για 1,3 χλμ. δυτικά από την είσοδο του κυρίως αρχαιολογικού χώρου και πριν ο δρόμος στρίψει προς τα ανατολικά, ο επισκέπτης θα δει τις σύγχρονες πέτρινες κατασκευές που καλύπτουν τα κατάλοιπα.**

Η Κοκκινόβρυση βρίσκεται στα δυτικά του Χελιωτόμυλου 🌕, στο χαμηλότερο άνδηρο στη βόρεια άκρη της αρχαίας πόλης. Πρόκειται για μια πηγή που βρίσκεται δίπλα σε αρχαίο δρόμο, δυτικά της γραμμής που διαγράφουν τα κλασικά τείχη. Το 1962 και το 1963 μια σωστική ανασκαφή στο σημείο αποκάλυψε μικρό ιερό στήλης (Εικ. 134), το οποίο ήταν πιθανότατα αφιερωμένο στις νύμφες και χρησιμοποιήθηκε τουλάχιστον από τον 7ο αιώνα π.Χ. έως τα τέλη του 4ου αιώνα π.Χ. Σε λάκκο δίπλα στην ασβεστολιθική στήλη βρέθηκαν πολυάριθμα πήλινα ειδώλια που απεικονίζουν κύκλιο χορό γύρω από κεντρική μορφή αυλητή (Εικ. 135) 🅜.

Ανατολικά της πηγής βρίσκονται τα κατάλοιπα ενός κεραμικού κλιβάνου και δυτικά η περίφημη «Ρωμαϊκή Έπαυλη Shear», η οποία ανασκάφηκε το 1925 από τον T. L. Shear και περιλάμβανε εξαιρετικά ψηφιδωτά. Ένα από αυτά απεικονίζει βοσκό που παίζει αυλό στη σκιά δέντρου καθώς τα βόδια του βόσκουν στους πρόποδες ενός λόφου 🅜, ενώ ένα άλλο περιλαμβάνει κυκλικό πλαίσιο με κεφαλή Διονύσου 🅜.

Εικόνα 135. Ειδώλια που απεικονίζουν κύκλιο χορό από την Κοκκινόβρυση

Κοκκινόβρυση: H. S. Robinson, *The Urban Development of Ancient Corinth* (Athens, 1965), σελ. 77–78· C. K. Williams II, *Hesperia* 50 (1981), σελ. 409–410. **Ρωμαϊκή Έπαυλη Shear:** *Corinth* V (1930).

54 ΧΕΛΙΩΤΟΜΥΛΟΣ

Ν (1 χλμ., 12 λεπτά) Δυτικά της εισόδου του αρχαιολογικού χώρου, ο επισκέπτης ακολουθεί το δρόμο ανάμεσα στο Ωδείο και το Θέατρο για 200 μ. Στρίβει βόρεια στο χωματόδρομο δυτικά του Θεάτρου, κατεβαίνει το λόφο, περνάει το γήπεδο ποδοσφαίρου και προχωρεί για 250 μ. ως τον ασφαλτοστρωμένο δρόμο. Έπειτα, στρίβει δυτικά για 450 μ., και συναντά χωματόδρομο στα δεξιά. Μετά από 100 μ. στρίβει δεξιά και διασχίζει το τσιμεντένιο αρδευτικό κανάλι για να φτάσει στο λόφο του Χελιωτόμυλου.

Ο Χελιωτόμυλος είναι ένας χαμηλός λόφος που βρίσκεται περίπου 800 μ. βορειοδυτικά του Ναού του Απόλλωνα 4. Επιφανειακή κεραμική και τοίχος δείχνουν ότι η κατοίκηση ήταν συνεχής από την πρωτοελλαδική έως την υστεροελλαδική περίοδο. Το 1930, υστεροελλαδική I–IIIΓ όστρακα ανασκάφηκαν σε επιχώσεις ρωμαϊκών τάφων στο χαμηλότερο άνδηρο της βόρειας πλευράς του λόφου, καθώς και ένα πηγάδι της πρωτοελλαδικής περιόδου με σκελετικό υλικό Μ. Το Φεβρουάριο 2007 αποκαλύφθηκε μυκηναϊκός θολωτός τάφος στους πρόποδες του λόφου προς τα βορειοδυτικά, ανάμεσα στον αυτοκινητόδρομο και στις σιδηροδρομικές γραμμές. Σχετικά με τη σημασία της εύρεσης του συγκεκριμένου τάφου στην Κόρινθο, βλ. σελ. 177.

Το 1966, κατά τη διάνοιξη της Εθνικής Οδού Κορίνθου–Πατρών, ήρθε στο φως από την Αρχαιολογική Υπηρεσία τμήμα μυκηναϊκού δρόμου της υστεροελλαδικής ΙΙΙΑ2 (β΄ μισό του 14ου αιώνα π.Χ.). Ανασκάφηκε στα νότια του Αυτοκινητοδρόμου, 5,58 χλμ. δυτικά από την Κόρινθο.

Τέλος, έχουν έρθει στο φως τάφοι της κλασικής και της ρωμαϊκής εποχής. Μεταξύ των ευρημάτων συγκαταλλέγονται νεκρική κλίνη του 4ου αιώνα π.Χ. και ρωμαϊκές τοιχογραφίες Ⓜ.

F. O. Waagé, *Hesperia* Suppl. 8 (1949), σελ. 415–422.

🔵 Ένα χλμ. βορειοανατολικά του λόφου του Χελιωτόμυλου μια συστάδα κυπαρισσιών, στον ορίζοντα ορίζει το σημείο ανασκαφής του Βόρειου Νεκροταφείου 66.

55 ΤΑΦΟΙ ΤΟΥ ΒΟΡΕΙΟΥ ΑΝΔΗΡΟΥ

🔵 (1 χλμ., 13 λεπτά) Αν ο επισκέπτης ακολουθήσει το σύγχρονο αρδευτικό κανάλι από το Χελιωτόμυλο προς τα ανατολικά, θα δει ρωμαϊκούς θαλαμοειδείς τάφους λαξευμένους στην παρειά του ανδήρου.

Αρκετοί ρωμαϊκοί θαλαμοειδείς τάφοι ανασκάφηκαν τη δεκαετία του 1930 κατά μήκος της παρειάς του ανδήρου που εκτείνεται ανατολικά του λόφου του Χελιωτόμυλου. Τη δεκαετία του 1960, περισσότεροι τάφοι αποκαλύφθηκαν κατά μήκος του σύχρονου αρδευτικού καναλιού που κατασκευάστηκε για τη μεταφορά νερού από τη λίμνη Στυμφαλία στον Ισθμό της Κορίνθου. Μεταξύ των τάφων αυτών περιλαμβάνονται 7 θαλαμοειδείς και 70 μεμονωμένοι, οι περισσότεροι από τους οποίους βρίσκονται ανατολικότερα, κοντά στο Κεραμιδοποιείο 60. Χρονολογούνται μεταξύ του ύστερου 1ου αιώνα π.Χ. και 6ου αιώνα μ.Χ.

Εικόνα 136. Τοιχογραφία από τον Ποικίλο Τάφο

Ένας από τους τάφους αυτούς, ο οποίος βρίσκεται ακριβώς στα ανατολικά του Χελιωτόμυλου, ονομάζεται «Ποικίλος Τάφος». Περιλάμβανε προθάλαμο που οδηγούσε σε ταφικό θάλαμο. Και οι δύο διέθεταν πολλαπλές κόγχες όπου τοποθετούνταν οι σοροί, καθώς και τοιχογραφίες (εκτίθενται στο μουσείο Ⓜ) που απεικονίζουν άνδρες να ψαρεύουν ή να ασχολούνται με αγροτικές εργασίες (Εικ. 136).

Corinth XXI (2017).

ΒΟΡΕΙΑ ΤΗΣ ΡΩΜΑΪΚΗΣ ΑΓΟΡΑΣ

56 ΓΥΜΝΑΣΙΟ

Ν (Κλειδωμένος χώρος· 600 μ., 7 λεπτά) Από την έξοδο του αρχαιολογικού χώρου, ο επισκέπτης θα κατευθυνθεί βόρεια 180 μ. και στην πινακίδα STOP θα στρίψει προς τα δυτικά. Μετά 220 μ. θα στρίψει δεξιά (βορειοδυτικά) και θα ακολουθήσει το χωματόδρομο για 170 μ. Εκεί θα συναντήσει χωριστούς περιφραγμένους χώρους στις δύο πλευρές του δρόμου. Η Εφορεία Αρχαιοτήτων Κορινθίας ενοποίησε τον ένα χώρο με το Ασκληπιείο 57, το οποίο δεν είναι προσβάσιμο από εδώ, στα βορειοανατολικά.

Το Γυμνάσιο αναφέρεται από τον περιηγητή Παυσανία (2.4.5). Θεωρείται ότι βρισκόταν στο βόρειο άκρο της πόλης, όπου έχουν ανασκαφεί επιγραφές για αθλητές και αγωνίσματα. Αναφέρονται σε αγώνες που έλαβαν χώρα στην Κόρινθο και στα Ίσθμια την εποχή του Τιβέριου (14–37 μ.Χ.) και του Νέρωνα (54–68 μ.Χ.). Οι ανασκαφές κατά τις δεκαετίες 1960–1970 στα νότια του Ασκληπιείου αποκάλυψαν τμήμα στοάς σε σχήμα L των πρώιμων αυτοκρατορικών χρόνων, που θεωρείται τμήμα του Γυμνασίου (Εικ. 137). Σύμφωνα με άλλους, ήταν τμήμα περιστυλίου γύρω από μεγάλο δωρικό ναό, πιθανόν αφιερωμένο στο Δία.

Στο χώρο της στοάς και στην απέναντι πλευρά του δρόμου βρίσκονται λίθοι ανάμεσα στους οποίους περιλαμβάνονται τμήμα επιστυλίου και σπόνδυλος μεγάλου κίονα. Οι διαστάσεις τους υποδηλώνουν ότι ανήκαν σε δωρικό ναό, ίσως το μεγαλύτερο της Πελοποννήσου. Η ακριβής θέση του παραμένει άγνωστη (Εικ. 138). Επαναχρησιμοποιήθηκαν μαζί με σπονδύλους από δωρικούς και ιωνικούς κίονες, επιγραφές, και άλλους πώρινους δόμους, στο υστερορωμαϊκό τείχος της πόλης, το «Τείχος του Επιστυλίου». Νότια της στοάς θεμελίωση από ασβεστοκονίαμα ανήκει στο «Θολωτό Κτήριο», ίσως βιοτεχνικού χαρακτήρα.

ΚΡΗΝΗ ΤΩΝ ΛΥΧΝΩΝ Μετά το Γυμνάσιο, συγκρότημα με λουτρό και κρήνη ήταν χτισμένο σε φυσική κοιλάδα που είχε διευρυνθεί με τεχνητό τρόπο. Στην πρωιμότερη φάση του, η άντληση νερού ενισχύθηκε με τη διάνοιξη σηράγγων οριζόντια προς στο πλάτωμα, ώστε να συλλέγεται νερό από το έδαφος και να τροφοδοτεί λουτρό της κλασικής εποχής (Εικ. 139).

Κατά τους ρωμαϊκούς χρόνους, ο χώρος μπροστά από το λουτρό διευρύνθηκε ώστε να δημιουργηθεί αυλή όμοια με της Πειρήνης 37. Η ορθογώνια αυλή περικλείεται από τοίχους με προσανατολισμό βορειοανατολικό–νοτιοδυτικό, φέρει πλατιά κόγχη στη βορειοανατολική πλευρά και περιβάλλει μεγάλη πισίνα με κεντρική πλίνθο και σκαλοπάτια στις δύο γωνίες (Εικ. 140). Στη νοτιοανατολική πλευρά της αυλής υπάρχουν τρεις θάλαμοι: το κυρίως δωμάτιο του λουτρού, με χιλιάδες αναθηματικούς πήλινους λύχνους του 5ου–6ου αιώνα μ.Χ., ένα νυμφαίο, και μια δεξαμενή. Οι λύχνοι έδωσαν στην κρήνη τ' όνομά της.

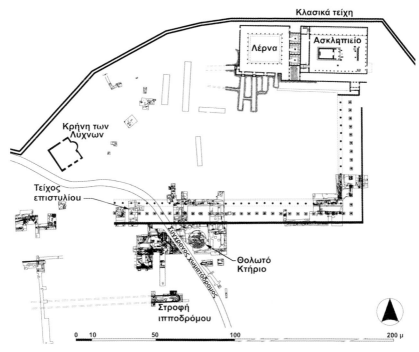

Εικόνα 137. Σχεδιαστική αναπαράσταση της κάτοψης της περιοχής του Γυμνασίου, όπου δηλώνονται οι ανασκαφικές τομές

Εικόνα 138. Δόμοι από μεγάλο δωρικό ναό σε δεύτερη χρήση ενσωματωμένοι σε τμήμα του υστερορωμαϊκού τείχους της πόλης

Εικόνα 139. Το λουτρό της Κρήνης των Λύχνων, άποψη προς την είσοδο στα βόρεια. Οι λουτήρες κατά μήκος του ανατολικού τοίχου ανήκουν στην αρχική οικοδομική φάση του λουτρού (4ος ή 3ος αιώνας π.Χ.), ενώ η μαρμάρινη επένδυση του δαπέδου και του θρανίου στον απέναντι τοίχο χρονολογείται στην εποχή ανακατασκευής του δωματίου κατά τους πρώιμους αυτοκρατορικούς χρόνους.

ΙΠΠΟΔΡΟΜΟΣ Επιμήκης αψιδωτή κατασκευή νότια του Γυμνασίου έχει ταυτιστεί με το *spina* (τμήμα σφενδόνης) του ρωμαϊκού ιππόδρομου (όπου λάμβαναν χώρα ιπποδρομίες και αρματοδρομίες) ή σταδίου αγώνων δρόμου (Εικ. 141). Μαρμάρινος κόλουρος κώνος Ⓜ που αποκαλύφθηκε δίπλα στο αψιδωτό άκρο ταυτίστηκε με το *meta* (την ανατολική στροφή) του ιπποδρόμου.

Γενικά: W. B. Dinsmoor, *Hesperia* Suppl. 8 (1949), σελ. 104–115· J. Wiseman, *Hesperia* 41 (1972), σελ. 1–42. **Κρήνη των Λύχνων:** J. Wiseman, *Hesperia* 41 (1972), σελ. 1–42. **Ιππόδρομος:** J. Wiseman, *Hesperia* 38 (1969), σελ. 69–72· D. G. Romano, *Hesperia* 74 (2005), σελ. 585–611.

Εικόνα 140. Η αυλή του λουτρού της Κρήνης των Λύχνων, λήψη από τα δυτικά

Εικόνα 141. Αψιδωτή κατασκευή, πιθανόν το ανατολικό άκρο του spina του ρωμαϊκού ιπποδρόμου, λήψη από τα βόρεια

57 ΑΣΚΛΗΠΙΕΙΟ ΚΑΙ ΛΕΡΝΑ

(Κλειδωμένος χώρος· 600 μ., 7 λεπτά) Από την έξοδο του αρχαιολογικού χώρου, ο επισκέπτης πρέπει να προχωρήσει βόρεια για 180 μ., να στρίψει ανατολικά στην πινακίδα STOP και να συνεχίσει για άλλα 90 μ. Κατόπιν ο επισκέπτης θα στρίψει αριστερά (βορειοδυτικά) και θα ακολουθήσει το δρόμο για 350 μ. θα συναντήσει το Ασκληπιείο στα αριστερά του, κατεβαίνοντας το δρόμο. Ο ναός και το άνω τμήμα του ιερού είναι ορατά από την κλειδωμένη είσοδο.

Το ιερό του Ασκληπιού βρίσκεται σε σημείο που πιθανότατα θεωρούνταν ιδανικό για την καλή υγεία των θεραπευόμενων, στη βόρεια πλευρά της πόλης, κοντά σε πηγή με τρεχούμενο νερό. Ο περίβολος αναπτύσσεται σε δύο επίπεδα: το άνω τέμενος στα ανατολικά περιλάμβανε το ναό, ενώ στο κατώτερο επίπεδο στα δυτικά υπήρχε αυλή με χώρους εστίασης και δεξαμενές που ταυτίζεται παραδοσιακά με την πηγή της Λέρνας (Παυσανίας 2.4.5) (Εικ. 142). Στο άνω τέμενος σώζονται οι λαξεύσεις για τα θεμέλια του ναού στο φυσικό ασβεστολιθικό βράχο, και αρκετά αρχιτεκτονικά μέλη, όπως τμήμα της αναβάθρας και του θριγκού του ναού (Εικ. 143). Τα πρωιμότερα κατάλοιπα (ίσως του 6ου αιώνα π.Χ.) συνίστανται σε ρηχές εγκοπές στο εσωτερικό και στα βορειοανατολικά του μεταγενέστερου

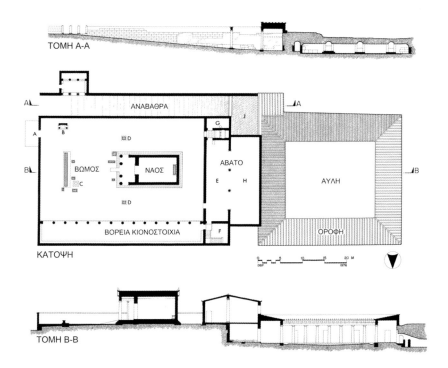

Εικόνα 142. Κάτοψη και όψεις του Ασκληπιείου και του Περιβόλου της Λέρνας

Εικόνα 143. Νοτιοδυτική γωνία του Ασκληπιείου, με τα σκαλοπάτια που οδηγούν στον βαθύ κτιστό λουτήρα στο κέντρο της φωτογραφίας (1931)

ναού του 4ου αιώνα π.Χ. Ο ναός αυτός έστεκε στο κέντρο ορθογώνιου τεμένους και μπορεί να αποκατασταθεί με κάτοψη που περιλάμβανε ορθογώνιο σηκό με τέσσερις δωρικούς κίονες στην πρόσοψη, προσβάσιμο από τα ανατολικά μέσω μικρής αναβάθρας, η οποία είναι σήμερα ορατή (Εικ. 142, 144). Στη βόρεια πλευρά υπάρχει στοά και στο εσωτερικό της διακρίνονται αβαθείς εγκοπές. Ίσως εκεί να τοποθετούνταν οι στύλοι από όπου κρέμονταν τα φυσικού μεγέθους πήλινα ομοιώματα ανθρώπινων μελών που αποκαλύφθηκαν κατά τις ανασκαφές Ⓜ. Θύρες στη δυτική πλευρά του τεμένους οδηγούσαν στο άβατο, όπου έμεναν όσοι αναζητούσαν θεραπεία,

Εικόνα 144. Σχεδιαστική αναπαράσταση της πρόσοψης του ναού του Ασκληπιού

Εικόνα 145. Ο Περίβολος της Λέρνας, λήψη από τα βορειοδυτικά. Πάνω αριστερά δια-κρίνεται ένας από τους χώρους εστίασης με δύο λίθινα ανάκλιντρα (1932).

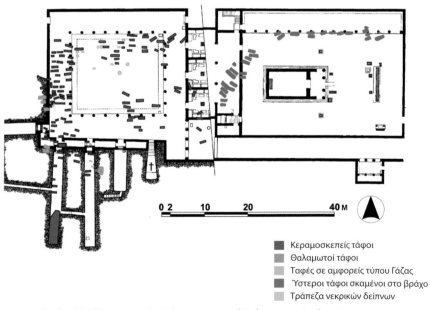

■ Κεραμοσκεπείς τάφοι
■ Θαλαμωτοί τάφοι
☐ Ταφές σε αμφορείς τύπου Γάζας
■ Ύστεροι τάφοι σκαμένοι στο βράχο
☐ Τράπεζα νεκρικών δείπνων

Εικόνα 146. Υστερορωμαϊκοί τάφοι που αποκαλύφθηκαν στο Ασκληπιείο και στον Περίβολο της Λέρνας και σε έναν χώρο με σκαλοπάτια που οδηγούσαν σε βαθύ κτιστό λουτήρα. Κλίμακα στο βόρειο άκρο του αβάτου κατέβαινε στον Περίβολο της Λέρνας.

Μετά την επανίδρυση της πόλης ως ρωμαϊκής αποικίας, ο ναός ανακαινίστηκε από το Μάρκο Αντώνιο Μιλήσιο (Marcus Antonius Milesius), γιο του Γλαυκού (Glaucus), απελεύθερο ή γιο απελεύθερου του Μάρκου Αντώνιου. Η βασική πρόσβαση στον περίβολο της Λέρνας γινόταν μέσω αναβάθρας με μεγάλη κλίση που ξεκινούσε από κρήνη που βρισκόταν νοτιοανατολικά του ιερού (Εικ. 142). Ο περίβολος της Λέρνας περιλάμβανε κεντρική ορθογώνια αυλή που περικλειόταν από κιονοστοιχία στις τέσσερις πλευρές, ενώ στην ανατολική πλευρά της υπήρχε σειρά από τρεις χώρους εστίασης, κάτω από το άβατο του Ασκληπιείου (Εικ. 145, 146). Κάθε ένας από τους χώρους αυτούς περιείχε 7 τραπέζια τοποθετημένα μπροστά από 11 λίθινα ανάκλιντρα. Τρία από τα ανάκλιντρα αυτά στήνονταν κατά μήκος κάθε τοίχου και δύο δεξιά και αριστερά της πόρτας. Η είσοδος σε κάθε δωμάτιο ήταν έκκεντρα τοποθετημένη προς το νότο ώστε να χωρούν τα ανάκλιντρα στις δύο πλευρές της.

Στη νότια πλευρά του περιβόλου υπήρχε κρήνη και τέσσερις μεγάλες δεξαμενές που τροφοδοτούνταν από υδροφόρες σήραγγες λαξευμένες κάτω από το άνδηρο στα νότια. Κατά τη ρωμαϊκή εποχή, ο περίβολος της Λέρνας περιήλθε σε αχρηστία και σταδιακά επιχώθηκε. Τον 6ο και 7ο αιώνα μ.Χ. χρησιμοποιήθηκε μαζί με τις δεξαμενές για χριστιανικές ταφές (Εικ. 146) και η κρήνη μετατράπηκε σε μικρό ξωκλήσι. Ταφικές πλάκες από το κοιμητήριο εκτίθενται στο μουσείο Ⓜ. Μια εκκλησία χτίστηκε αργότερα στην κατάληξη της αναβάθρας.

Corinth XIV (1951)· (*Corinth Notes* 1), 1977.

⑤⑧ ΜΕΓΑΛΑ ΛΟΥΤΡΑ ΤΗΣ ΟΔΟΥ ΛΕΧΑΙΟΥ

🅝 **(Κλειδωμένος χώρος· 150 μ., 2 λεπτά)** Από την έξοδο του αρχαιολογικού χώρου ο επισκέπτης πρέπει να διασχίσει την πλατεία του χωριού με κατεύθυνση προς τα βορειοανατολικά για 100 μ. και να στρίψει βόρεια για άλλα 50 μ. Θα συναντήσει τα λουτρά στα αριστερά του.

Βόρεια της πλατείας του χωριού βρίσκονται τα κατάλοιπα μεγάλων λουτρών, τα οποία κατασκευάστηκαν γύρω στο 200 μ.Χ. (Εικ. 147, 148). Έχουν ταυτιστεί με τα λουτρά που έχτισε ο Ευρυκλής από τη Σπάρτη, όπως αναφέρει ο Παυσανίας (βλ. σελ 114). Στην αρχαιότητα, η πρόσβαση γινόταν μέσα από προστώο από την ανατολική πλευρά της Οδού Λεχαίου με μια μαρμάρινη πρόσοψη να υποδέχεται τον επισκέπτη σε πλακόστρωτη αυλή. Η σχεδιαστική αναπαράσταση των λουτρών (Εικ. 149) βασίζεται στους λίθους της πρόσοψης αυτής, οι οποίοι διατηρήθηκαν μέσα στα συντρίμμια που προκάλεσε ο σεισμός του ύστερου 6ου αιώνα μ.Χ., εξαιτίας του οποίου το κτήριο εγκαταλείφθηκε.

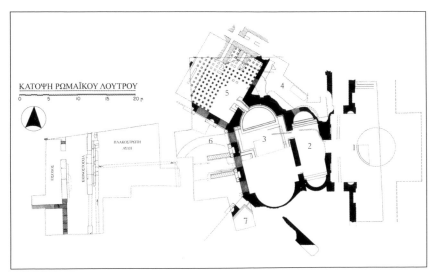

Εικόνα 147. Κάτοψη των Μεγάλων Λουτρών της Οδού Λεχαίου

Εικόνα 148. Τα Δωμάτια 3 και 5 των Μεγάλων Λουτρών της Οδού Λεχαίου, λήψη από τα νότια. Τα υπόκαυστα κάτω από το δάπεδο είναι ορατά και στα δύο δωμάτια.

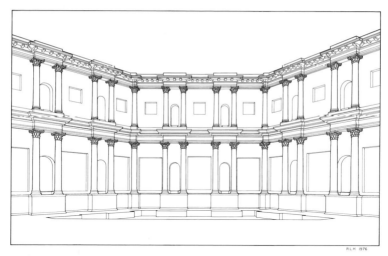

Εικόνα 149. Προοπτική αναπαράσταση της μαρμάρινης πρόσοψης των Μεγάλων Λουτρών της Οδού Λεχαίου

Corinth XVII (1985)· J. Biers, *Corinth* XX (2003), σελ. 308–314.

🔲 ΛΟΥΤΡΑ ΤΗΣ ΑΦΡΟΔΙΤΗΣ

🔳 **(650 μ., 8 λεπτά)** Από την έξοδο του αρχαιολογικού χώρου ο επισκέπτης πρέπει να περάσει την πλατεία του χωριού και να συνεχίσει για 100 μ. προς τα βορειοανατολικά. Έπειτα να στρίψει βόρεια και να περάσει τα Μεγάλα Λουτρά της Οδού Λεχαίου στα αριστερά του 🔳. Να συνεχίσει ευθεία περνώντας το σταυροδρόμι και μετά από 240 μ. να στρίψει δεξιά και αμέσως αριστερά, να περάσει τα «Λουτρά του Κιαμήλ Μπέη», και να προχωρήσει έως το τέλος του δρόμου με τις στροφές. Τριάντα μέτρα δυτικά από τη διασταύρωση του δρόμου βρίσκεται χωματόδρομος που οδηγεί νότια σε βαθιά κοιλότητα της πλαγιάς. Αριστερά βρίσκεται μνημειώδης κλίμακα που οδηγεί από το άνω πλάτωμα προς τα κάτω, προς την πεδιάδα. Τα Λουτρά της Αφροδίτης βρίσκονται στην κορυφή της κοιλάδας.

Το όνομα «Λουτρά της Αφροδίτης» αποδόθηκε ήδη από το 19ο αιώνα σε ένα σπήλαιο με πηγή, το οποίο βρισκόταν στους κήπους του παλατιού του Οθωμανού Μπέη. Τα λουτρά βρίσκονται στα βόρεια της Ρωμαϊκής Αγοράς, στην προέκταση της Οδού Λεχαίου και στην κορυφή βαθιάς κοιλότητας του ψηλού, φυσικά διαμορφωμένου αναβαθμού (Εικ. 150). Οι κήποι του μπέη εκτείνονταν σε ολόκληρη αυτή την κοιλότητα και συνδέονταν με το πλάτωμα πάνω από αυτήν μέσω μνημειώδους κλίμακας (Εικ. 151). Το κυμάτιο στη βάση του εξωτερικού τοίχου της κλίμακας υποδηλώνει ότι κατασκευάστηκε επί Ενετοκρατίας (1687–1715), όταν η

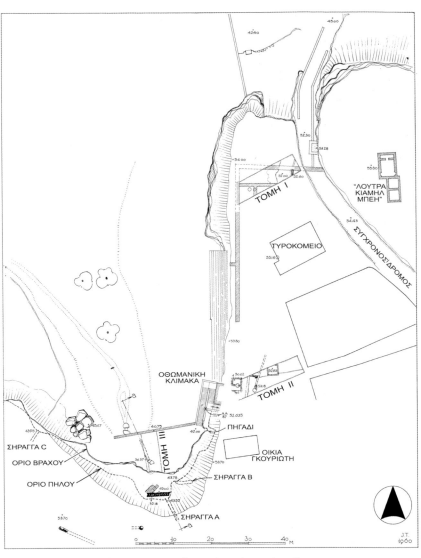

Εικόνα 150. Κάτοψη της περιοχής των Λουτρών της Αφροδίτης

οικία του Ενετού διοικητή βρισκόταν στο σημείο όπου αργότερα χτίστηκε το παλάτι του Μπέη της περιοχής.

H. S. Robinson, *Hesperia* 31 (1962), σελ. 120–130.

Εικόνα 151. Η μνημειώδης κλίμακα των Λουτρών της Αφροδίτης, λήψη από τα νοτιοδυτικά

60 ΚΕΡΑΜΙΔΟΠΟΙΕΙΟ

ℕ (Κλειδωμένος χώρος· 1,2 χλμ., 15 λεπτά) Ο επισκέπτης πρέπει να κατευθυνθεί προς τα βορειοανατολικά, προς την έξοδο από το χωριό και να περάσει το κοιμητήριο της Αγίας Άννας. Στο σταυροδρόμι μετά το κοιμητήριο, θα πρέπει να ακολουθήσει τον κεντρικό δρόμο προς τα ανατολικά και να φτάσει στη συμβολή του δρόμου αυτού με τον Αυτοκινητόδρομο Κορίνθου–Πατρών. Δίπλα σε έναν ψηλό αναλημματικό τοίχο από αδρές πέτρες ο δρόμος

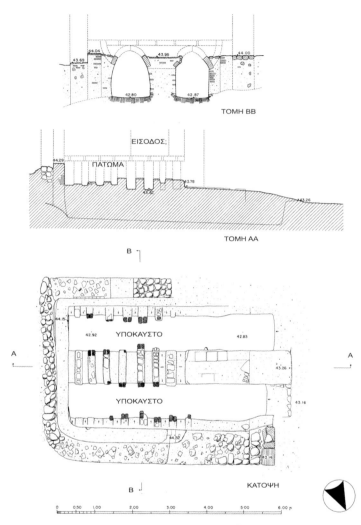

Εικόνα 152. *Κάτοψη και τομές του κλιβάνου του Κεραμιδοποιείου*

στρίβει βόρεια, περνά κάτω από τον αρδευτικό αγωγό και φτάνει σε μια πινακίδα STOP. Αριστερά, στον ελαιώνα που βρίσκεται στην απέναντι πλευρά του δρόμου, ο επισκέπτης θα δει ένα σύγχρονο στέγαστρο πάνω από τον κλίβανο, μεγάλο τμήμα του οποίου είναι ορατό από τα παράθυρα και την πόρτα της σύγχρονης κατασκευής.

Βόρεια της διασταύρωσης του δρόμου που οδηγεί στο χωριό από το δρόμο του Άργους βρίσκεται μια σύγχρονη κατασκευή, η οποία καλύπτει έναν κεραμικό κλίβανο σε καλή κατάσταση διατήρησης. Ο κλίβανος αποτελείται από δύο επιμήκη υπόκαυστα, πάνω από τα οποία υπήρχε θάλαμος όπτησης (Εικ. 152). Η θερμότητα διαχεόταν από την κάμινο προς το θάλαμο όπτησης μέσω των διατρήσεων του δαπέδου. Γύρω από τον κλίβανο βρέθηκαν πηγάδια, μεγάλοι κάδοι και ειδικά διαμορφωμένα δάπεδα αποξήρανσης για το πλύσιμο, την επεξεργασία και την προετοιμασία του πηλού. Ευρήματα από την ύστερη αρχαϊκή και την κλασική εποχή υποδηλώνουν ότι εκτός από κεράμους οροφής, ακροκέραμα και κορυφαία ανθέμια, εδώ παράγονταν επίσης κεραμική, πήλινα ειδώλια και ίσως μεγάλα πήλινα γλυπτά.

Κατά μήκος του αρδευτικού αγωγού, στα νότια και στα ανατολικά του Κεραμιδοποιείου, έχουν αποκαλυφθεί ρωμαϊκοί τάφοι (βλ. **55**).

G. S. Merker, *Hesperia* Suppl. 35 (2006).

61 ΒΑΣΙΛΙΚΗ ΤΟΥ ΑΓΙΟΥ ΚΟΔΡΑΤΟΥ

N **(Κλειδωμένη· 1 χλμ., 13 λεπτά) Ο επισκέπτης πρέπει να κατευθυνθεί βορειοανατολικά, προς την έξοδο του χωριού, και να περάσει το κοιμητήριο της Αγίας Άννας. Στο σταυροδρόμι όπου ο κεντρικός δρόμος στρίβει ανατολικά προς τη συμβολή με τον Αυτοκινητόδρομο Κορίνθου–Πατρών, θα πρέπει να συνεχίσει βόρεια στο χωματόδρομο για 200 μ. Θα συναντήσει τη βασιλική στα αριστερά του.**

Η Βασιλική του Αγίου Κοδράτου, του 6ου αιώνα μ.Χ., είναι ένα τρίκλιτο κτίσμα χωρίς αίθριο ή βαπτιστήριο (Εικ. 153). Πρόκειται για κοιμητηριακό ναό με μαυσωλεία προσαρτημένα στα κλίτη και τάφους στο εσωτερικό των κλιτών και του κυρίως ναού. Ανάμεσα σ τις σορούς που έχουν ταφεί εδώ είναι και ενός πρώιμου Επισκόπου της Κορίνθου, του ονομαζόμενου Ευσταθίου.

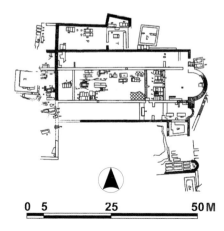

0 5   25   50 M

Εικόνα 153. Κάτοψη της Βασιλικής του Αγίου Κοδράτου

ΑΝΑΤΟΛΙΚΑ ΤΗΣ ΡΩΜΑΪΚΗΣ ΑΓΟΡΑΣ

⑫ ΠΕΡΙΟΧΗ ΤΗΣ ΠΑΝΑΓΙΑΣ

🔒 (Κλειδωμένη· 450 μ., 6 λεπτά) Από την έξοδο του αρχαιολογικού χώρου, ο επισκέπτης θα κατευθυνθεί νότια από την πλατεία του χωριού, περιμετρικά του αρχαιολογικού χώρου. Η Περιοχή της Παναγίας βρίσκεται στην αριστερή πλευρά του δρόμου, αμέσως μετά το δημοτικό σχολείο και το γήπεδο καλαθοσφαίρισης.

Η ΑΣΚΣΑ πραγματοποίησε ανασκαφές στην Παναγία νοτιοανατολικά της Ρωμαϊκής Αγοράς από το 1995 έως το 2007 (Εικ. 154). Τα καλύτερα διατηρημένα κτίρια χρονολογούνται στη ρωμαϊκή εποχή. Αυτά κατέστρεψαν προγενέστερες κατασκευές μέχρι το επίπεδο των θεμελίων τους. Οι προηγούμενες οικοδομικές φάσεις (γεωμετρική, αρχαϊκή, κλασική, ελληνιστική και πρώιμη ρωμαϊκή) αντιπροσωπεύονται μόνο από τάφους, λάκκους, θεμελιώσεις, δεξαμενές και κελάρια, όλα λαξευμένα στο χαλικώδη ερυθρό φυσικό βράχο.

ΟΙ ΓΕΩΜΕΤΡΙΚΟΙ ΤΑΦΟΙ Τα αρχαιότερα κατάλοιπα είναι πέντε τάφοι της γεωμετρικής εποχής. Οι δύο νοτιότεροι περιείχαν μονολιθικές σαρκοφάγους από αμμόλιθο, που ζύγιζαν πάνω από δύο τόνους η καθεμιά και είχαν λαξευθεί με σκεπάρνι (Εικ. 155). Τα αγγεία για κρασί, νερό ή λάδι

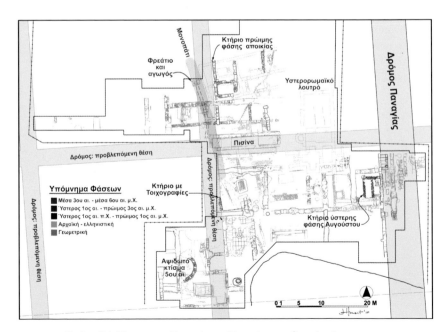

Εικόνα 154. Κάτοψη της Περιοχής της Παναγίας: οικοδομικές φάσεις

που χρησιμοποιήθηκαν στα ταφικά έθιμα στους δύο τάφους τούς τοποθετούν χρονικά στο α΄ τέταρτο του 9ου αιώνα π.Χ. (Εικ. 156). Οι σαρκοφάγοι αποδεικνύουν ότι τεχνολογικά επιτεύγματα στην εξόρυξη, λάξευση και μεταφορά ογκωδών λίθων έλαβαν χώρα στην Κόρινθο περίπου 200 χρόνια νωρίτερα από ό,τι πιστεύαμε. Ένας τάφος του ύστερου 9ου αιώνα π.Χ. περιείχε την πρωιμότερη σαρκοφάγο από ωολιθικό ασβεστόλιθο στην Κόρινθο. Πιθανόν, σήμα του τάφου αυτού ήταν πολύπλευρος κίονας χτισμένος σε ρωμαϊκό τοίχο πάνω από τον τάφο.

Εικόνα 155. Οι δύο σαρκοφάγοι της γεωμετρικής εποχής από την Περιοχή της Παναγίας

ΑΡΧΑΪΚΗ ΕΩΣ ΕΛΛΗΝΙΣΤΙΚΗ ΕΠΟΧΗ Ανατολικά των γεωμετρικών τάφων βρέθηκαν αρκετές

Εικόνα 156. Κόγχη σε γεωμετρικό τάφο από την Περιοχή της Παναγίας. Περιείχε 14 ολόκληρα αγγεία και μια σιδερένια αιχμή δόρατος.

αβαθείς αποθέσεις και ένας μεγάλος ορθογώνιος αποθέτης. Περιείχαν θραύσματα μικκύλων αγγείων, οινοχόες, κοτύλες, πυξίδες και πήλινα ειδώλια. Από το υλικό αυτό συνάγεται ότι η θέση των τάφων παρέμενε γνωστή και συνδέθηκε με λατρεία των προγόνων ήδη στην αρχαϊκή εποχή και ως τα ελληνιστικά χρόνια. Τα σημαντικότερα κατάλοιπα της ελληνιστικής εποχής βρίσκονται στην ανατολική πλευρά της ανεσκαμμένης περιοχής κοντά στη ρωμαϊκή οδό, και βόρεια των γεωμετρικών τάφων. Πρόκειται για δεξαμενές και κελάρια σκαμμένα κάτω από την επιφάνεια του δαπέδου των οικιών στις οποίες ανήκαν. Οι χώροι αυτοί, όταν έπαψαν να χρησιμοποιούνται, αποτέλεσαν χώρους απόρριψης μεγάλης ποσότητας κεραμικής.

Η ΕΠΑΥΛΗ ΤΗΣ ΠΑΝΑΓΙΑΣ Σε δύο από τα δεκατέσσερα δωμάτια μεγάλης υστερορωμαϊκής *domus* (έπαυλη) διατηρούνται περίτεχνα ψηφιδωτά δάπεδα με γεωμετρικά μοτίβα και σε ένα τρίτο ένα κεντρικό μαρμάρινο συντριβάνι (Εικ. 157, 158). Το κτήριο διέθετε δύο περίστυλες αυλές. Σε μία από αυτές ρυάκι έρρεε στην κιονοστοιχία εν είδει Ευρίπου, ενώ άλλο δωμάτιο περιλάμβανε επιμήκη πισίνα από ασβεστοκονίαμα.

Η έπαυλη ήταν διακοσμημένη με τοιχογραφίες (Εικ. 159). Σε μικρό δωμάτιό της βρέθηκε ομάδα γλυπτών μικρής κλίμακας, μεταξύ

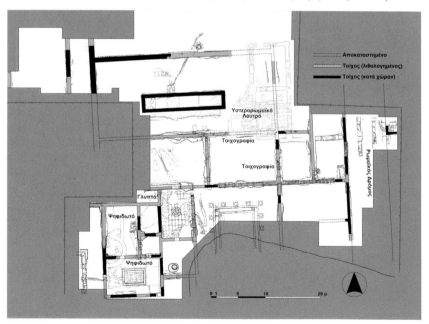

Εικόνα 157. Κάτοψη της Έπαυλης της Παναγίας

Εικόνα 158. Οκταγωνικό συντριβάνι στην Έπαυλη της Παναγίας

Εικόνα 159. Τοιχογραφία Νίκης από την Έπαυλη της Παναγίας

των οποίων αγαλματίδια της θεάς Ρώμης και του Ασκληπιού (Εικ. 160, 161) Ⓜ.

Αρκετά στοιχεία χρονολογούν την ανέγερση της έπαυλης: νόμισμα των μέσων του 3ου αιώνα μ.Χ. βρέθηκε σε πηγάδι που επιχώθηκε κατά την κατασκευή της. Η θεμελίωση της επιμήκους πισίνας διατάραξε μεγάλο

Εικόνα 160. Μαρμάρινα αγαλματίδια που ανασκάφηκαν μαζί σε μικρό δωμάτιο στην Έπαυλη της Παναγίας (πιθανόν στο οικιακό ιερό). Αριστερά αγαλματίδιο καθήμενης θεάς Ρώμης και δεξιά αγαλματίδιο καθήμενου Ασκληπιού.

αποθέτη με κεραμική του ύστερου 3ου ή του πρώιμου 4ου αιώνα μ.Χ. Νομίσματα από το στρώμα καταστροφής χρονολογούν την πυρκαγιά που κατέστρεψε το κτήριο πριν τα τέλη του 4ου αιώνα μ.Χ.

Εικόνα 161. Το άγαλμα της θεάς Ρώμης κατά τη διάρκεια της ανασκαφής (1999)

ΤΟ ΛΟΥΤΡΟ ΤΗΣ ΠΑΝΑΓΙΑΣ

Λουτρό της υστερορωμαϊκής περιόδου στα βόρεια της Έπαυλης της Παναγίας αποτελείται από τέσσερις χώρους (Εικ. 162): έναν προθάλαμο (Ε), ένα αποδυτήριο που λειτουργούσε και ως *frigidarium* (F), ένα *tepidarium* (T) και ένα *caldarium* (C). Το *frigidarium* περιείχε δύο λουτήρες κρύου νερού, ενώ το σταυρόσχημο *caldarium* περιείχε λουτήρες θερμού νερού. Δεξαμενή στα δυτικά τούς τροφοδοτούσε μέσω μολύβδινων αγωγών. Τη

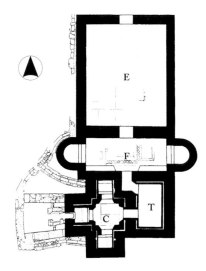

δεξαμενή ζέσταινε ένα *testudo* (χάλκινη συσκευή για τη διατήρηση υψηλής θερμοκρασίας του νερού). Τόσο το *tepidarium* όσο και το *caldarium* διέθεταν υπόκαυστα δάπεδα σε *pilae* (στυλίσκους) από ανδεσίτη (Εικ. 163). Το λουτρό χρονολογείται στα μέσα του 6ου αιώνα μ.Χ.

ΝΕΚΡΟΤΑΦΕΙΟ ΟΘΩΜΑΝΙΚΗΣ ΠΕΡΙΟΔΟΥ Στα βόρεια του λουτρού εκτείνεται μεγάλο νεκροταφείο του 17ου αιώνα (Εικ. 164). Η πλειονότητα των ταφών ήταν χριστιανικές, με προσανατολισμό ανατολικά–δυτικά, με τα κεφάλια των σορών προς τα δυτικά στραμμένα ελαφρώς βορειότερα από την

Εικόνα 162. Σχεδιαστική αναπαράσταση της κάτοψης του Λουτρού της Παναγίας

ανατολή, και με τα χέρια τοποθετημένα πάνω στην κοιλιακή χώρα. Στο νότιο άκρο του νεκροταφείου αποκαλύφθηκαν ορισμένες ταφές Μουσουλμάνων με προσανατολισμό βορειοανατολικά–νοτιοδυτικά και με το κεφάλι προς τα δυτικά, αλλά στραμμένο δεξιά για να κοιτάζουν προς τη Μέκκα (νοτιοανατολικά). Τα χέρια ήταν τοποθετημένα στα πλάγια του κορμού.

Εικόνα 163. Το υπόκαυστο κάτω από το tepidarium *του Λουτρού της Παναγίας, λήψη από τα νότια*

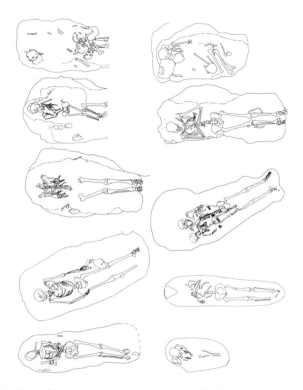

Εικόνα 164. Τάφοι οθωμανικού νεκροταφείου που αποκαλύφθηκαν στην Περιοχή της Παναγίας και περιλαμβάνουν χριστιανικές και μουσουλμανικές ταφές

Αρκετοί είχαν βρει βίαιο θάνατο. Ένας χριστιανικός τάφος περιείχε τα λείψανα –σε κακή κατάσταση διατήρησης– νέου ηλικίας 20 χρόνων που είχε θαφτεί με το πρόσωπο προς τα κάτω. Αιτία θανάτου του αποτέλεσε μεγάλος σιδερένιος γάντζος που βρέθηκε κάτω από την αριστερή του κλείδα. Ίσως τον κρέμασαν από το γάντζο μέχρι να πεθάνει και να επέλθει η νεκρική ακαμψία. Στη συνέχεια θάφτηκε έτσι ώστε να μην μπορεί να δει τη Δευτέρα Παρουσία.

ΚΑΤΑΛΟΙΠΑ ΑΠΟ ΤΟΥΣ ΝΕΟΤΕΡΟΥΣ ΧΡΟΝΟΥΣ Τα πιο πρόσφατα κατάλοιπα στην Περιοχή της Παναγίας είναι θεμέλια οικιών και λάκκοι απορριμμάτων από τις αρχές του 19ου αιώνα. Ένας λάκκος που χρονολογείται μετά το 1821 με βάση τα νομίσματα, περιείχε εισηγμένη κεραμική και φιάλες κρασιού, μολύβδινες σφαίρες, τσακμακόπετρες από τουφέκι, χτένι για ψείρες και τμήμα στρατιωτικής στολής. Στα στρατιωτικά κουμπιά διακρίνονται αγγλικές λέξεις και ένα από αυτά είναι διακοσμημένο με αμερικάνικο αετό. Τα ευρήματα πιθανότατα προέρχονται από κατάλυμα Αμερικανού εθελοντή που συμμετείχε στο σώμα των Φιλελλήνων. Οι τελευταίοι έδρασαν στην Κόρινθο υπό την ηγεσία του Μαυροκορδάτου την άνοιξη του 1822.

Γενικά: G. D. R. Sanders κ.ά., *Hesperia* 83 (2014), σελ. 1–79. **Γεωμετρικοί τάφοι:** C. A. Pfaff, *Hesperia* 76 (2007), σελ. 443–537. **Έπαυλη της Παναγίας:** L. M. Stirling, *Hesperia* 77 (2008), σελ. 89– 161. **Λουτρό:** G. D. R. Sanders, *Hesperia* 68 (1999), σελ. 441–480. **Οθωμανικό νεκροταφείο:** A. H. Rohn, E. Barnes και G. D. R. Sanders, *Hesperia* 78 (2009), σελ. 501–615.

❻❸ ΒΑΣΙΛΙΚΗ ΚΡΑΝΕΙΟΥ

❼ (Κλειδωμένη· 1,4 χλμ., 18 λεπτά) Από την έξοδο του αρχαιολογικού χώρου ο επισκέπτης πρέπει να κατευθυνθεί νότια 75 μ. μετά την πλατεία του χωριού, κι έπειτα να προχωρήσει ανατολικά για 1,3 χλμ. Μεγάλο τμήμα του χώρου είναι ορατό από την περίφραξη στη νότια πλευρά του δρόμου.

Το Κράνειο, προάστιο της αρχαίας Κορίνθου, βρισκόταν στα ανατολικά της πόλης, κοντά στα κλασικά τείχη της. Μελετητές εικάζουν ότι πήρε το όνομά του από παραφθορά της λέξης «Κάρνειον» που προέρχεται από τον Κάρνειο, γιο του Δία και της Ευρώπης, και ότι, όπως και οι Σπαρτιάτες, οι Κορίνθιοι γιόρταζαν τα Κάρνεια.

Σε αυτό το σημείο της πόλης ζούσε ο κυνικός φιλόσοφος Διογένης, ο οποίος, όπως είναι γνωστό, ζήτησε από το Μέγα Αλέξανδρο, όταν συναντήθηκαν, να μην του κρύβει τον ήλιο (Πλούταρχος, *Αλέξανδρος* 14.2). Αιώνες αργότερα, ο Παυσανίας είδε εδώ τον τάφο του Διογένη. Σε κοντινή απόσταση είδε τον τάφο της διάσημης εταίρας Λαΐδας, πάνω στον οποίο βρισκόταν άγαλμα λέαινας με ένα κριάρι στα μπροστινά της πόδια, καθώς και τα ιερά του Βελλεροφόντη και της Αφροδίτης Μελαίνης. Αρχαίες πηγές αναφέρονται και σε ένα σημαντικό Γυμνάσιο που βρισκόταν στο Κράνειο. Κανένα από τα παραπάνω μνημεία δεν έχει ακόμη αποκαλυφθεί.

Αρκετές ανασκαφές μικρής κλίμακας που πραγματοποιήθηκαν στην περιοχή έφεραν στο φως τμήματα του υστερορωμαϊκού τείχους της πόλης, αρκετούς τάφους της κλασικής εποχής, καθώς και μια χριστιανική βασιλική και ένα κοιμητήριο κοντά στην Πύλη των Κεγχρεών, στα κλασικά τείχη.

Η Βασιλική του Κρανείου μοιάζει με τη Βασιλική του Λεχαίου ❻❽ αλλά έχει πολύ μικρότερες διαστάσεις (Εικ. 165, 166). Δεν διαθέτει αίθριο, αλλά έχει βαπτιστήριο στη βόρεια πλευρά της. Πρόκειται για κοιμητηριακό ναό, με πολλές ενδείξεις για την ύπαρξη θολωτών πλινθόκτιστων κιβωτιόσχημων τάφων που εκτείνονται σε μεγάλη έκταση προς τα νότια και τα δυτικά. Μέσα στην εκκλησία υπάρχουν ιδιωτικά ταφικά μνημεία στα οποία φτάνει κανείς από τα πλαϊνά κλίτη. Μια ακέραια τράπεζα προσφορών ή

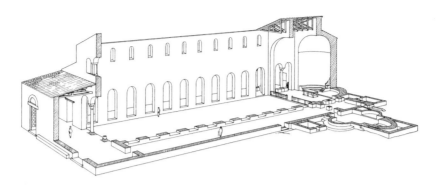

Εικόνα 165. Αξονομετρικό σχέδιο της Βασιλικής του Κρανείου

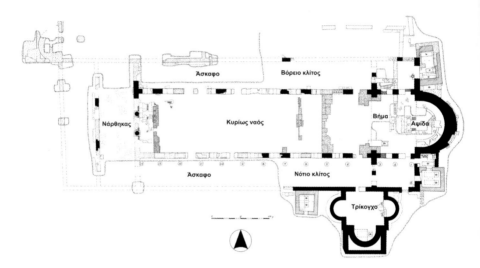

Εικόνα 166. Κάτοψη της Βασιλικής του Κρανείου

«τράπεζα σε σχήμα σίγμα» Ⓜ (τράπεζα σε σχήμα μηνοειδούς σίγμα, με θέσεις για την τοποθέτηση φαγητού) αποκαλύφθηκε στη νότια πλευρά του κοιμητηρίου. Στην αυλή του μουσείου εκτίθεται τμήμα του τέμπλου της βασιλικής Ⓜ, η οποία χρονολογείται πιθανότατα στον 6ο αιώνα μ.Χ. Τέλος, οι λύχνοι, οι οινοχόες και τα νομίσματα που βρέθηκαν στους τάφους υποδηλώνουν ότι οι ταφές συνεχίστηκαν μέχρι και τον 7ο αιώνα μ.Χ.

Corinth I.1 (1932), σελ. 77–80· *Corinth* XVI (1957), σελ. 7–9.

⑥ ΒΑΣΙΛΙΚΗ ΤΟΥ ΠΑΛΛΑ

ᴺ (1,4 χλμ., 20 λεπτά) Από την έξοδο του αρχαιολογικού χώρου ο επισκέπτης πρέπει να προχωρήσει νότια 75 μ. μετά την πλατεία του χωριού, κι έπειτα ανατολικά 280 μ. μέχρι το σταυροδρόμι στο ξενοδοχείο Rooms Marinos. Θα συνεχίσει ανατολικά για άλλα 100 μ. και θα στρίψει αριστερά. Μετά από 80 μ. θα στρίψει δεξιά σε στενό δρόμο ανάμεσα σε δύο σπίτια. Ο δρόμος αυτός κατευθύνεται ανατολικά κατά μήκος του άκρου του ανδήρου. Μετά από 500 μ. πρέπει να στρίψει δεξιά (νότια) σε έναν χωματόδρομο ακριβώς πριν το φιλανθρωπικό ίδρυμα «Το Χαμόγελο του Παιδιού» και να συνεχίσει νότια για 200 μ. Θα συναντήσει τη βασιλική στο χωράφι στη δυτική πλευρά του δρόμου.

Σύμφωνα με τον διακεκριμένο αρχαιολόγο Δημήτριο Πάλλα, τα κατάλοιπα κτίσματος από λιθοδομή και ασβεστοκονίαμα ανήκαν σε σημαντική βασιλική. Το 2000, η ΑΣΚΣΑ προχώρησε σε περαιτέρω διερεύνησή τους. Επιφανειακή έρευνα με τηλεπισκόπηση και εξέταση των σωζόμενων καταλοίπων έδειξαν ότι πρόκειται για κυκλικό ή οκταγωνικό κτήριο με διάμετρο 12 μ., προσαρτημένο σε ορθογώνιο κτίσμα εμβαδού 20 τ.μ. Αν κρίνουμε από την πυκνότητα των κτιστών κιβωτιόσχημων τάφων που βρίσκονται στα βόρεια του κοντινού τείχους της πόλης, το κτήριο μάλλον λειτούργησε ως μαρτύριον.

⑥ ΑΜΦΙΘΕΑΤΡΟ

ᴺ (1,4 χλμ., 20 λεπτά) Από τη Βασιλική του Πάλλα ο επισκέπτης πρέπει να επιστρέψει στο δρόμο κατά μήκος του άκρου του ανδήρου και να συνεχίσει προς τα ανατολικά για 250 μ. Το Αμφιθέατρο βρίσκεται στη νότια πλευρά του δρόμου μετά το φιλανθρωπικό ίδρυμα «Το Χαμόγελο του Παιδιού».

Μια πλατιά ωοειδής κοιλότητα στο έδαφος (79 μ. μήκος × 52 μ. πλάτος) μαρτυρά τη θέση της αρένας του ρωμαϊκού Αμφιθεάτρου (Εικ. 167). Το πλατύ άνοιγμα που διακρίνεται στη νότια πλευρά της ήταν πιθανότατα η θέση της *Porta Triumphalis,* δηλαδή η είσοδος στην αρένα. Ίχνη κολοσσιαίας λιθοδομής με ασβεστοκονίαμα που στήριζε την ανωδομή είναι ορατά μέσα στον ελαιώνα, στα νοτιοανατολικά και στα νοτιοδυτικά. Σύμφωνα

Εικόνα 167. Το Αμφιθέατρο, λήψη από τα βόρεια

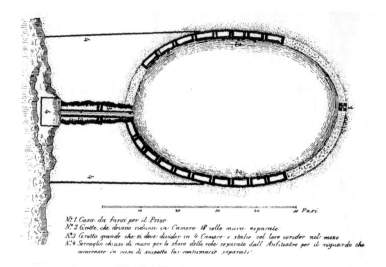

Εικόνα 168. Αποτύπωση του Αμφιθεάτρου. Σχέδιο του Francesco Grimani (1701).

με αυτά, οι εξωτερικές διαστάσεις του οικοδομήματος ήταν περίπου 100 × 70 μ. Σήμερα είναι ακόμη ορατά αρκετά σκαλοπάτια λαξευμένα στο στρώμα από ασβεστόλιθο που καλύπτει τις αποθέσεις μάργας γύρω από την αρένα. Τα σκαλοπάτια αυτά είτε είναι οι θέσεις του αμφιθεάτρου, είτε είχαν λαξευτεί για την τοποθέτηση καθισμάτων που τώρα έχουν αφαιρεθεί. Κάτοψη των αρχών του 19ου αιώνα περιλαμβάνει επτά κλίμακες, οι οποίες φαίνεται να χώριζαν τις κάτω θέσεις σε έξι κερκίδες σε κάθε πλευρά, ενώ ένα διάζωμα (διάδρομος σε οριζόντιο επίπεδο) ίσως χώριζε τις πάνω θέσεις από τις κάτω. Οι χαμηλότερες θέσεις ήταν λαξευμένες στη μάργα που βρίσκεται κάτω από το ασβεστολιθικό στρώμα και τόσο αυτές όσο και η ανωδομή του κτίσματος είχαν πιθανότατα κατασκευαστεί από λίθο που είχε εξορυχθεί επί τόπου.

Τα υπέργεια κατάλοιπα του αμφιθεάτρου υποδηλώνουν ότι ανεγέρθηκε στα τέλη του 1ου αιώνα π.Χ., επομένως, συγκαταλέγεται ανάμεσα στα έργα των πρώτων χρόνων της ρωμαϊκής επανίδρυσης της πόλης. Επιπλέον, πιθανολογείται ότι εκεί διαδραματίζεται μια σκηνή από το *Χρυσό Γάιδαρο* (10.29), διήγημα του ρωμαίου συγγραφέα Απουλήιου (2ος αιώνας μ.Χ.). Αργότερα, το Αμφιθέατρο χρησιμοποιήθηκε από τους Ενετούς ως *lazaretto* (λοιμοκαθαρτήριο). Τα κατάλοιπά του αποτύπωσε ο Francesco Grimani το 1701 (Εικ. 168) και ο Abel Blouet, μέλος της Γαλλικής Επιστημονικής Αποστολής του Μοριά, τη δεκαετία του 1830.

Corinth I.1 (1932), σελ. 89–91.

ΒΟΡΕΙΑ ΤΟΥ ΑΥΤΟΚΙΝΗΤΟΔΡΟΜΟΥ ΚΟΡΙΝΘΟΥ–ΠΑΤΡΩΝ

⑥⑥ ΒΟΡΕΙΟ ΝΕΚΡΟΤΑΦΕΙΟ

Το Βόρειο Νεκροταφείο αποτελεί μικρό τμήμα μεγάλης έκτασης ταφών που εκτείνονται κατά μήκος της πεδιάδας, στους πρόποδες του χαμηλότερου ανδήρου της πόλης. Οι ανασκαφές που πραγματοποιήθηκαν από το 1915 έως το 1918 και από το 1928 έως το 1930 αποκάλυψαν 530 τάφους, οι οποίοι αντιπροσωπεύουν ταφικές πρακτικές που λάμβαναν χώρα στην Κόρινθο για περισσότερα από 1.600 χρόνια (Εικ. 169). Οι αρχαιότεροι ήταν 13 τάφοι της μέσης εποχής του χαλκού (ένας από τους οποίους περιείχε χρυσό διάδημα Ⓜ), που ίσως αρχικά καλύπτονταν από τύμβο. Οι επόμενοι χρονολογικά είναι 49 γεωμετρικοί και 65 πρωτοκορινθιακοί τάφοι. Οι υπόλοιποι τάφοι ανάγονται στην αρχαϊκή, κλασική και πρώιμη ελληνιστική περίοδο και ορισμένοι στη ρωμαϊκή εποχή. Οι μεταγενέστεροι τάφοι σέβονταν τις παλαιότερες ταφές και είναι διαμορφωμένοι έτσι ώστε να μην τις διαταράσσουν. Κτερίσματα από τους τάφους εκτίθενται στο μουσείο Ⓜ.

Η συνηθέστερη ταφική πρακτική ήταν η τοποθέτηση της σορού σε συνεσταλμένη στάση, γερμένη στο πλάι μέσα σε κτιστό κιβωτιόσχημο τάφο ή αργότερα ασβεστολιθική σαρκοφάγο (Εικ. 170). Η κεραμική και τα άλλα κτερίσματα που χρησιμοποιούνταν στην ταφική τελετή τοποθετούνταν μέσα και γύρω από τη σαρκοφάγο.

Corinth XIII (1964).

Εικόνα 169. Τάφοι στο Βόρειο Νεκροταφείο (1916)

Εικόνα 170. Τάφοι στο Βόρειο Νεκροταφείο κατά την ανασκαφή (1930)

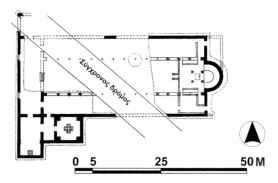

Εικόνα 171. Κάτοψη της Βασιλικής της Σκουτέλας

67 ΒΑΣΙΛΙΚΗ ΣΚΟΥΤΕΛΑΣ

Η παλαιοχριστιανική Βασιλική της Σκουτέλας βρίσκεται στην πεδιάδα βόρεια της πόλης και είναι τρίκλιτη με βαπτιστήριο στη νότια πλευρά της (Εικ. 171). Ανεγέρθηκε τον 6ο αιώνα μ.Χ., αλλά μάλλον δεν χρησιμοποιήθηκε ως κοιμητηριακός ναός.

68 ΒΑΣΙΛΙΚΗ ΛΕΧΑΙΟΥ

Η παλαιοχριστιανική Βασιλική του Λεχαίου είναι χτισμένη σε μια αμμώδη γλώσσα ξηράς που χωρίζει τις εσωτερικές λεκάνες του ομώνυμου λιμανιού από τη θάλασσα. Πρόκειται για τρίκλιτη βασιλική με δύο αίθρια στο δυτικό άκρο, ιερό με μονή κόγχη στο ανατολικό (Εικ. 172, 173) Συγκαταλέγεται ανάμεσα στα μεγαλύτερα εκκλησιαστικά κτήρια του

Εικόνα 172. Η Βασιλική του Λεχαίου, λήψη από τα βορειοανατολικά

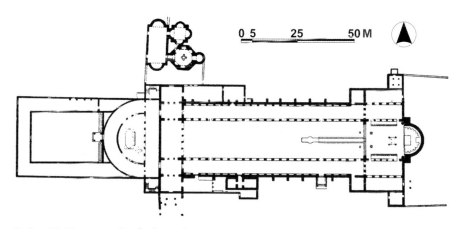

Εικόνα 173. Κάτοψη της Βασιλικής του Λεχαίου

κόσμου. Το μήκος από το εξωτερικό αίθριο έως την αψίδα του ιερού της είναι 180 μ. και συγκρίνεται σε μέγεθος με την αρχική βασιλική του Αγίου Πέτρου στη Ρώμη. Χάρη στο μέγεθός της υπήρξε σημαντικό τοπόσημο για όσους αγνάντευαν βόρεια από την πόλη προς τον Κορινθιακό κόλπο, και για τους ταξιδιώτες που έφταναν εδώ από την ξηρά και από τη θάλασσα.

Όπως συμβαίνει με τις παλαιοχριστιανικές βασιλικές στην Κόρινθο και σε πολλές άλλες στην Ελλάδα, ο κυρίως ναός στη Βασιλική του Λεχαίου χωριζόταν από τα κλίτη μέσω του ψηλού στυλοβάτη της κιονοστοιχίας και μέσω διαχωριστικών πλακών ανάμεσα στους κίονες· σκοπός ήταν να διαχωρίζεται το εκκλησίασμα που βρισκόταν στα κλίτη από ό,τι συνέβαινε στον κυρίως ναό. Στα υπερώα, όπου στέκονταν οι κατηχούμενοι πάνω από τα κλίτη, η πρόσβαση γινόταν μέσω κλιμάκων από το εξωτερικό της βασιλικής, στα βόρεια και στα νότια του εσωτερικού αιθρίου. Τα δάπεδα ήταν στρωμένα με *opus sectile* (μαρμαροθετήματα) και το κάτω μέρος των τοίχων έφερε μαρμάρινη επένδυση. Οι ομοιόμορφες διαχωριστικές πλάκες, τα κιονόκρανα και οι κίονες είναι από Προκοννήσιο μάρμαρο από τη θάλασσα του Μαρμαρά. Είναι πιθανό ότι κατασκευάστηκαν χάρη σε αυτοκρατορική δωρεά, όπως ίσως ήταν και ολόκληρη η εκκλησία. Το περίτεχνο βαπτιστήριο στη βόρεια πλευρά του κτηρίου είναι ανεξάρτητο κτίσμα και αποτελείται από τρεις χώρους: έναν ορθογώνιο προθάλαμο με κόγχες στα δύο άκρα, ένα αποδυτήριο με τέσσερις εξέδρες, και ένα οκτάγωνο δωμάτιο που χρησίμευε ως το καθεαυτό βαπτιστήριο. Η κάτοψή του θυμίζει λουτρά της ίδιας περιόδου.

Η Βασιλική του Λεχαίου θεωρείται αφιέρωμα στο Λεωνίδη, Επίσκοπο Αθηνών του 3ου αιώνα μ.Χ., ο οποίος απαγχονίστηκε στην Κόρινθο. Το σώμα του απορρίφθηκε στη θάλασσα του Λεχαίου και ξεβράστηκε στην ακτή, μαζί με τα σώματα 7 γυναικών από την Κόρινθο που καταδικάστηκαν επειδή τον θρηνούσαν. Η τοπική χριστιανική κοινότητα τους έθαψε όλους στην παραλία και ανήγειρε τη βασιλική. Ένα νόμισμα του αυτοκράτορα Μαρκιανού (450–457 μ.Χ.), που βρέθηκε σε τομή των θεμελίων της βασιλικής, υποδηλώνει ότι η κατασκευή της ξεκίνησε μετά τα μέσα του 5ου αιώνα μ.Χ. Βάσει νομίσματος του Αναστάσιου Α' (491–518 μ.Χ.), η ανέγερση ολοκληρώθηκε μετά τις αρχές του 6ου αιώνα μ.Χ. Εάν το κτήριο είχε κατασκευαστεί πριν το 521/2 μ.Χ., επέζησε του σεισμού εκείνης της χρονιάς. Τέλος, ο τάφος ενός πρεσβύτερου, του Θωμά, που χρονολογείται γύρω στο 600 μ.Χ. αποκαλύφθηκε κάτω από τους γκρεμισμένους τοίχους της βασιλικής.

⑥⑨ ΚΟΡΑΚΟΥ

Ο οικισμός Κοράκου (Εικ. 174) καταλάμβανε μικρό λόφο στην ακτή δυτικά της σύγχρονης Κορίνθου. Παρουσιάζει συνεχή κατοίκηση σε όλη την εποχή του χαλκού και πιθανότατα ήταν το λιμάνι του προϊστορικού οικισμού που ήταν χτισμένος κάτω από τη μεταγενέστερη πόλη της αρχαίας Κορίνθου. Στην περιοχή έχουν αποκαλυφθεί και τάφοι της αρχαϊκής και της κλασικής εποχής.

C. Blegen, *Korakou: A Prehistoric Settlement near Corinth* (1921)

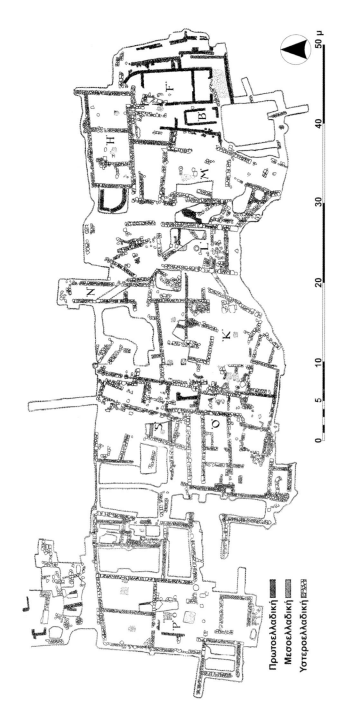

Εικόνα 174. Κάτοψη του προϊστορικού οικισμού Κοράκου (εποχή του χαλκού)

Πρωτοελλαδική
Μεσοελλαδική
Υστεροελλαδική

ΠΡΟΪΣΤΟΡΙΚΗ ΚΟΡΙΝΘΟΣ ΚΑΙ ΚΟΡΙΝΘΙΑ

Οι φυσικοί πόροι της Κορίνθου, η καλλιεργήσιμη γη και οι πολυάριθμες πηγές νερού, προσέλκυσαν αγρότες ήδη από τα μέσα της 7ης χιλιετίας π.Χ. Προϊστορικές αρχαιότητες (Εικ. 175) εκτίθενται σε μία από τις αίθουσες του μουσείου Ⓜ. Αποθέσεις της πρώιμης και της μέσης νεολιθικής εποχής εντοπίζονται στο Λόφο του Ναού του Απόλλωνα ❹, στην κοιλάδα της Οδού Λεχαίου ㉟ και στο Δυτικό Άνδηρο ⓯. Η κατοίκηση συνεχίστηκε και επεκτάθηκε στο Ναό Ε ❶ κατά την ύστερη νεολιθική εποχή. Μια γειτονιά της περιόδου αυτής ανασκάφηκε στα δυτικά των ναών του Δυτικού Άνδηρου ⓯. Οικία, δρόμος και υπαίθρια αυλή εργαστηρίου με οπές για ξύλινα παραπήγματα υποδηλώνουν ότι βιοτεχνικές δραστηριότητες, όπως η βυρσοδεψία, λάμβαναν χώρα εδώ.

Οικιστικά κατάλοιπα της πρωτοελλαδικής περιόδου (3η χιλιετία π.Χ.) διερευνήθηκαν στο Λόφο του Ναού του Απόλλωνα, στην κοιλάδα της Οδού Λεχαίου, στο χώρο του μουσείου και του Ναού Ε. Τάφοι της πρωτοελλαδικής ΙΙ είχαν λαξευτεί στο Λόφο της Παναγίας στην πλατεία του χωριού. Ένα πηγάδι της ίδιας εποχής στο Χελιωτόμυλο ㊴ περιείχε 20 με 30 ανθρώπινους σκελετούς, κεραμική, πήλινες άγκυρες, σφονδύλια, σφράγισμα (πήλινο τεμάχιο με αποτύπωμα σφραγίδας-υπογραφή αξιωματούχου), οστέινα εργαλεία και εργαλεία από οψιδιανό.

Εικόνα 175. Νεολιθική και πρωτοελλαδική κεραμική και ειδώλια, από τη Ρωμαϊκή Αγορά και άλλα ανασκαφικά σύνολα από την περιοχή της Κορίνθου

Επίσης, κατάλοιπα οικισμού της πρωτοελλαδικής II βρέθηκαν στο Γυμνάσιο **56**. Κεραμική της πρωτοελλαδικής III αποκαλύφθηκε στο Κεραμιδοποιείο **60**.

Επομένως, η κατοίκηση ήταν εκτενής κατά τη νεολιθική και την πρωτοελλαδική περίοδο. Αντίθετα, η μεσοελλαδική και η υστεροελλαδική περίοδος αντιπροσωπεύονται ελάχιστα. Πιθανότατα, οι Ρωμαίοι κατέστρεψαν τα αντίστοιχα στρώματα όταν θεμελίωσαν την πόλη τους. Η έλλειψη υλικών καταλοίπων των περιόδων αυτών οδήγησαν στην υπόθεση ότι η πόλη της Κορίνθου δεν υπήρχε κατά την ύστερη εποχή του χαλκού. Ωστόσο, οι ισχυρισμοί αυτοί φαίνονται ανυπόστατοι αν εξετάσει κανείς τα ακόλουθα: μέλη ανώτερης τάξης του πληθυσμού θάφτηκαν σε ταφικό κύκλο στο Βόρειο Νεκροταφείο **66**, στην πεδιάδα βόρεια της πόλης, στα τέλη της μεσοελλαδικής περιόδου. Επίσης, συνεχίστηκε στην υστεροελλαδική εποχή η ιεραρχική δομή της εξουσίας, όπως δείχνει θολωτός τάφος βορειοδυτικά του Χελιωτόμυλου που ανέσκαψε η Αρχαιολογική Υπηρεσία στην πεδιάδα το 2007. Επομένως, η απουσία θολωτών τάφων δεν υφίσταται πλέον για να στηρίξει την υποθετική ασημαντότητα της Κορίνθου και κατ᾽επέκταση την κυριαρχία των Μυκηνών στην περιοχή κατά την ύστερη εποχή του χαλκού. Επιπλέον, ο απόθετης της Ιουλίας Βασιλικής **24**, που χρονολογείται στην ύστερη μυκηναϊκή περίοδο, περιείχε μεταξύ άλλων κρατήρα με διακόσμηση άρματος **M**, πιθανότατα εισηγμένο από τη γειτονική Αργολίδα. Κατοίκηση υπήρχε στο χώρο της Ρωμαϊκής Αγοράς εκείνη την περίοδο. Αγγεία, όπως ο κρατήρας της Ιουλίας Βασιλικής, χρησιμοποιούνταν από μέλη της μυκηναϊκής άρχουσας τάξης σε συμπόσια.

Κατάλοιπα του τέλους της μυκηναϊκής εποχής και της μεταβατικής περιόδου στην πρώιμη εποχή του σιδήρου ανασκάφηκαν στη Ρωμαϊκή Αγορά, στο Ιερό της Δήμητρας και Κόρης **49**, και στον Ακροκόρινθο **50**. Η επανεξέταση των κυκλώπειων τμημάτων των οχυρώσεων του Ακροκορίνθου είναι απαραίτητη, αν και πολύ δύσκολη λόγω της μη προσβασιμότητάς τους. Η μέχρι τώρα χρονολόγησή τους στην αρχαϊκή εποχή βασιζόταν στην υπόθεση ότι η πόλη της Κορίνθου δεν υπήρχε κατά την ύστερη εποχή του χαλκού. Ωστόσο, η υπόθεση αυτή πλέον δεν ευσταθεί.

Οικισμοί γύρω από την Κόρινθο κατοικούνται σε όλη την εποχή του χαλκού. Στα βόρεια, το Κοράκου **69** ήταν το λιμάνι του οικισμού που άκμαζε στα άνδηρα της ενδοχώρας. Κατοικήθηκε συνεχόμενα από την πρωτοελλαδική έως την υστεροελλαδική

*Εικόνα 176. Ραμφό-
στομη πρόχους (CP-301)
της Υστεροελλαδικής
ΙΙΒ (περ. 1500–1430
π.Χ.) από τον οικισμό
Κοράκου, Εφυραϊκού
ρυθμού με μεμονωμένο
μοτίβο (διπλή σπείρα)
σε ανοιχτόχρωμο φόντο*

*Εικόνα 177. Σκύφος
(CP-201) της Υστερο-
ελλαδικής ΙΙΙΓ Μέσης
(περ. 1150–1100 π.Χ.)
από τον οικισμό
Κοράκου, Πυκνού
ρυθμού, διακοσμημένος
με δύο αντωπά πουλιά*

περίοδο και ανέπτυξε εμπορικούς δεσμούς με την ανατολή και
τη δύση (Εικ. 176, 177). Το νεκροταφείο του οικισμού δεν έχει
εντοπιστεί. Ωστόσο, έχουν έρθει στο φως μυκηναϊκοί τάφοι στην
Κόρινθο (ανατολικά) και στον Άγιο Γεράσιμο στο Λέχαιο (δυτικά).
Οι Ζυγουριές, τόπος παραγωγής αρωμάτων για τους βασιλείς, και
τα Αθίκια βρίσκονται στο δρόμο για τις Μυκήνες προς τα νότια.
Στα δυτικά, το Ντοράτι ήλεγχε το δρόμο προς την Τσούγκιζα και
τη Νεμέα, ενώ στη Γωνιά και τη Γύριζα ανατολικά οικιστικά κατά-
λοιπα και ταφές χρονολογούνται από τη νεολιθική έως τη μυκη-
ναϊκή εποχή. Η Κορινθία ήταν πυκνοκατοικημένη και ευημερούσε
κατά τους προϊστορικούς χρόνους.

ΠΕΡΙΠΑΤΟΣ ΣΤΑ ΤΕΙΧΗ ΤΗΣ ΠΟΛΗΣ

⚡ Σύντομη διαδρομή (4,2 χλμ., 60+ λεπτά) Από την έξοδο του αρχαιολογικού χώρου, ο επισκέπτης πρέπει να κατευθυνθεί νότια 75 μ. μετά την πλατεία του χωριού, κι έπειτα να στρίψει προς τα ανατολικά για 280 μ. μέχρι το σταυροδρόμι στο ξενοδοχείο Rooms Marinos. Έπειτα, να συνεχίσει ανατολικά για 100 μ. και να στρίψει αριστερά. Μετά από 80 μ. να στρίψει δεξιά, στο δρομάκι ανάμεσα σε δύο σπίτια. Ο δρόμος αυτός ακολουθεί το άκρο του ανδήρου προσφέροντας εξαιρετική θέα του Κορινθιακού κόλπου προς τα βόρεια.Ο επισκέπτης θα περάσει τη Βασιλική του Πάλλα **64** και το Αμφιθέατρο **65**. Μετά από 1 χλμ., ο ασφαλτοστρωμένος δρόμος κατεβαίνει προς τα αριστερά. Ο επισκέπτης πρέπει να ακολουθήσει το μονοπάτι προς τα δεξιά, συνεχίζοντας κατά μήκος της άκρης του ανδήρου. Πίσω από ένα σπίτι στα 180 μ. πρέπει να κινηθεί προς τα νότια, ακολουθώντας την άκρη του ανδήρου και τα κατάλοιπα των τειχών της πόλης. Γύρω στα 350 μ. νότια του σπιτιού βρίσκεται μια βαθιά χαράδρα που σηματοδοτεί τη θέση της Πύλης των Κεγχρεών. Κάνοντας αναστροφή και προχωρώντας για 150 μ. στους πρόποδες της πλαγιάς, θα συναντήσει τα κατάλοιπα ρωμαϊκών θαλαμοειδών τάφων με σαρκοφάγους κατά χώραν. Συνεχίζοντας προς τα νότια κατά μήκος του ανδήρου από την Πύλη των Κεγχρεών για 450 μ. θα φτάσει σε συμβολή δύο ασφαλτοστρωμένων δρόμων. Μπορεί να επιστρέψει στο κέντρο του χωριού (1,6 χλμ.) αν ακολουθήσει το βόρειο δρόμο που περνάει από τη Βασιλική του Κρανείου **63**.

⚡ Μέση διαδρομή (4,8 χλμ., 90 λεπτά) Όπως παραπάνω, αλλά στη συμβολή των ασφαλτοστρωμένων δρόμων ο επισκέπτης πρέπει να συνεχίσει προς τα νότια, κατά μήκος της άκρης του ανδήρου. Καλά διατηρημένα τμήματα των τειχών –χτισμένα με ισόδομους λίθους– είναι ορατά, ενώ αυτό το τμήμα τους περιλαμβάνει τα κατάλοιπα τουλάχιστον τριών στρογγυλών πύργων. Μετά από 800 μ. υπάρχει ασφαλτοστρωμένος δρόμος, από όπου ο επισκέπτης μπορεί να επιστρέψει στο κέντρο του χωριού (1,4 χλμ.) ακολουθώντας τον για 1 χλμ. έως το σταυροδρόμι στα ενοικιαζόμενα δωμάτια Marinos και στρίβοντας αριστερά.

⚡ Μεγάλη διαδρομή (7 χλμ., 2+ ώρες). Όπως παραπάνω, αλλά στον ασφαλτοστρωμένο δρόμο, ο επισκέπτης πρέπει να συνεχίσει νοτιοδυτικά για 350 μ. έως την κορυφή λόφου με ελαιόδεντρα και να ακολουθήσει την κορυφογραμμή των λόφων για 1,2 χλμ. προς τον Ακροκόρινθο. Από εδώ πρέπει να πάρει το μονοπάτι στη βάση του υψώματος για 500 μ., βόρεια της βορειοανατολικής πλευράς του Ακροκορίνθου, και να κατέβει μέσα από τα χωράφια με τους αναβαθμούς για 1 χλμ. έως την Κρήνη του Χατζή Μουσταφά **48** και ακόμη 800 μ. έως το κέντρο του χωριού.

Πλαϊνή στήλη: ΤΟΠΟΓΡΑΦΙΚΗ ΠΕΡΙΓΡΑΦΗ 6

ΤΑ ΤΕΙΧΗ ΤΗΣ ΠΟΛΗΣ

70 ΚΛΑΣΙΚΑ ΤΕΙΧΗ

Τα κλασικά τείχη, μήκους περίπου 10 χλμ., περιέβαλλαν την αρχαία πόλη και ενσωμάτωναν την ακρόπολή της, τον Ακροκόρινθο. Μακρά τείχη εκτείνονταν προς τα βόρεια, εξασφαλίζοντας τη σύνδεση της πόλης με το λιμάνι του Λεχαίου και ελέγχοντας το πέρασμα στην πεδιάδα, από την ανατολή στη δύση. Τα τείχη ήταν χτισμένα με μεγάλους ισόδομους λίθους (ή κάποτε πολυγωνικούς στα αρχαιότερα τμήματα) και κατά διαστήματα περιλάμβαναν πύργους.

Από την ανατολική πλευρά του Ακροκορίνθου, τα τείχη ακολουθούσαν την κορυφογραμμή τριών χαμηλών λόφων κατεβαίνοντας προς την κοιλάδα του ποταμού Ξηριά. Έπειτα τα τείχη ακολουθούσαν τη διαδρομή του ανδήρου του ποταμού προς τα βόρεια έως ένα σημείο ανατολικά του Αμφιθεάτρου **65**. Εκεί, συνέχιζαν δυτικά, για μικρή απόσταση πριν κατέβουν στο χαμηλότερο άνδηρο. Στη συνέχεια ακολουθούσαν το άκρο του ανδήρου αυτού προς τα δυτικά για περίπου 2,7 χλμ.

Από τη δυτική πλευρά του Ακροκορίνθου, τα τείχη κατεβαίνουν μια βραχώδη κορυφογραμμή προς τα βόρεια και περνούν τον Κεραμεικό **52** προς το χαμηλότερο άνδηρο. Στον Κεραμεικό, τα παλαιότερα τμήματα των τειχών της πόλης χρονολογούνται στην ύστερη γεωμετρική περίοδο (Εικ. 178).

Κατά τόπους έχουν αποκαλυφθεί και ίχνη των μακρών τειχών που ένωναν τα κλασικά τείχη της πόλης με το λιμάνι του Λεχαίου. Ήταν ιδιαίτερα πλατιά (περίπου 3 μ. πάχος) και αποτελούνταν από πυρήνα αργολιθοδομής με ισόδομους λίθους στις δύο όψεις του. Το ανατολικό σκέλος τους εκτεινόταν από τη βορειοανατολική γωνία του εσωτερικού περιτειχίσματος της πόλης, για 1,8 χλμ. ως ένα σημείο στα δυτικά της προϊστορικής θέσης Κοράκου **69**. Το δυτικό σκέλος διατρέχει 2,4 χλμ. από τα Λουτρά της Αφροδίτης **59** ως ένα σημείο στα δυτικά της Βασιλικής του Λεχαίου **68**.

71 ΥΣΤΕΡΟΡΩΜΑΪΚΟ ΤΕΙΧΟΣ

Το 146 π.Χ. ο Ρωμαίος στρατηγός Λεύκιος Μόμμιος κατέστρεψε τα κλασικά τείχη της Κορίνθου σε βαθμό που έχασαν τον οχυρωματικό τους χαρακτήρα. Δεν θεωρήθηκε απαραίτητο να χτιστούν άλλα τείχη μέχρι την υστερορωμαϊκή περίοδο, όταν κατασκευάστηκε ένα μικρότερο κυκλικό περιτείχισμα εντός των κλασικών οχυρώσεων (Εικ. 179). Σύμφωνα με τον καθηγητή Timothy Gregory, τμήματα κολοσσιαίων τοίχων –συμπεριλαμβανομένου του λεγόμενου Επιστύλιου Τείχους στην περιοχή του Γυμνασίου **56**– ανήκουν σε αυτό το υστερορωμαϊκό τείχος. Η σχεδιαστική αναπαράσταση του περιλαμβάνει τις εσωτερικές οχυρώσεις μήκους 5,3 χλμ. (σχεδόν ένα τετράγωνο με διαστάσεις 1,5 × 1,3 χλμ.) με τη Ρωμαϊκή Αγορά στο κέντρο. Ο Gregory θεωρεί ότι χρονολογείται στις αρχές του 5ου αιώνα μ.Χ. Κατά μια άλλη άποψη, η οποία βασίζεται σε πρόσφατη ηλεκτρική διασκόπηση, το εν λόγω τείχος περιέβαλε το ένα τέταρτο αυτής της περιοχής, αφήνοντας τη Ρωμαϊκή Αγορά έξω από αυτό, στα δυτικά. Σύμφωνα με την άποψη αυτή, το τείχος χρονολογείται στα μέσα του 6ου αιώνα μ.Χ. κι έτσι εξηγείται πώς η Αγορά χρησιμοποιήθηκε ως χώρος ταφής στα τέλη του 6ου αιώνα μ.Χ., όταν ο νόμος απαγόρευε τις ταφές εντός των τειχών.

📖

Corinth III.2 (1936)· T. E. Gregory, *Hesperia* 48 (1979), σελ. 264–280.

Εικόνα 178. Τμήμα των κλασικών τειχών της πόλης με στρογγυλό πύργο κοντά στον Κεραμεικό (1931)

Εικόνα 179. Τμήμα του υστερορωμαϊκού τείχους στην περιοχή του Κρανείου (1931)

Κατόψεις

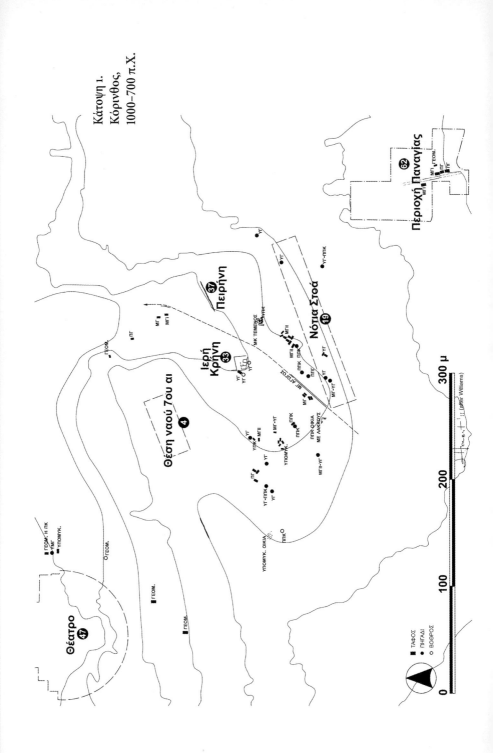

Κάτοψη 1.
Κόρινθος,
1000–700 π.Χ.

Περιοχή Παναγίας

32

Θέατρο
47

Θέση ναού 7ου αι
4

Ιερή
Κρήνη
33

Πειρήνη
37

Νότια Στοά
19

ΓΕΟΜ.
Η ΠΚ
ΥΠΟΜΥΚ.
ΥΜΓ

ΓΕΟΜ.
ΜΓ
ΥΤ-ΠΠΚ
ΜΓΠ
ΠΤ

ΜΓ
ΜΓΠ

ΜΚ ΤΕΜΕΝΟΣ
ΜΓΠ

ΥΤ ΠΠΚ
ΜΓΠ
ΜΓΠ
ΠΠΚ
ΠΤΠ
ΥΤ

ΓΕΟΜ.

ΜΓ-ΑΓΓΟΣ
ΜΓ
ΥΤ

ΠΤ

ΥΤ
ΜΓΠ
ΜΓ-ΥΤ
ΜΓΠ-ΥΤ
ΥΤ
ΜΓ
ΠΠΚ
ΥΠΟΜΥΚ.
ΠΠΚ ΟΙΚΙΑ
ΜΕ ΛΑΚΚΟΥΣ

ΓΕΟΜ.

ΓΕΟΜ.

ΠΤ
ΥΤ-ΠΠΚ
ΥΤ
ΥΠΟΜΥΚ. ΟΙΚΙΑ
ΠΠΚ

300 μ

200

100

0

ΤΑΦΟΣ
ΠΗΓΑΔΙ
ΒΟΘΡΟΣ

(after Williams)

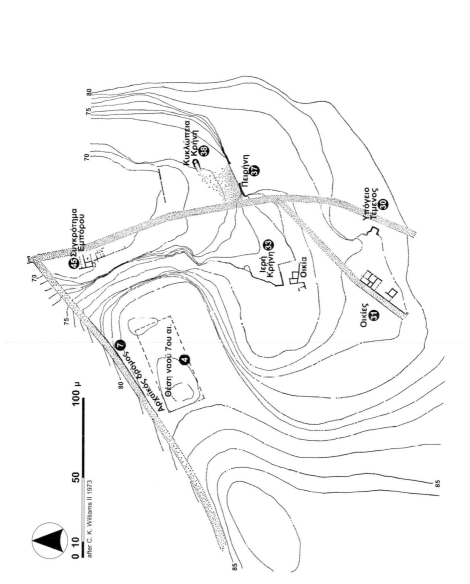

Κάτοψη 2.
Κόρινθος,
600–575 π.Χ.

0 10   50   100 μ

after C. K. Williams II 1973

Σύγκρότημα
Εμπόρου
45

Αρχαϊκός δρόμος

7

Θέση ναού 7ου αι.
4

Κυκλώπεια
Κρήνη
38

Πειρήνη
37

Ιερή
Κρήνη
33

Οικία

Υπόγειο
Τέμενος
30

Οικίες
31

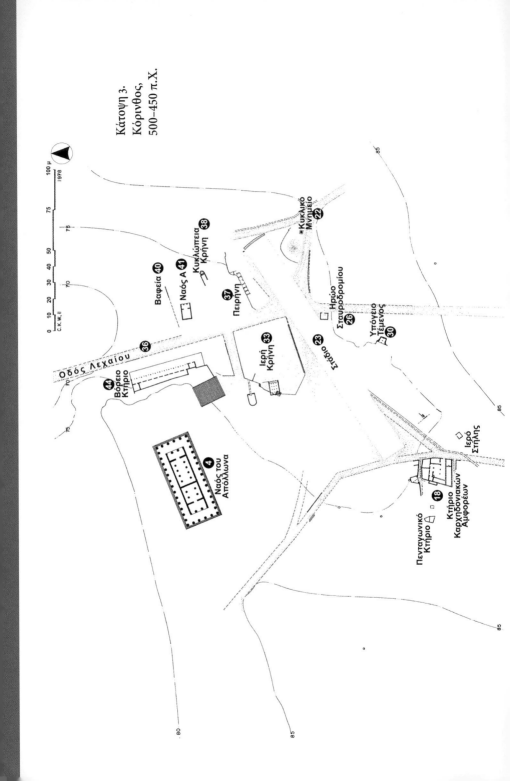

Κάτοψη 3.
Κόρινθος,
500–450 π.Χ.

0 10 20 30 40 50   75   100 μ
C.K. W. II   1978

75   75

Οδός Λεχαίου   36

Βαφεία 40   Ναός Α 41   Κυκλώπεια
                          Κρήνη 38

Βόρειο 44
Κτήριο

Πειρήνη 37

Ναός του
Απόλλωνα 4

Ιερή 33
Κρήνη

Στάδιο 23

Ηρώο
Σταυροδρομίου 26

Κυκλικό
Μνημείο 22

Υπόγειο
Τέμενος 30

85

Πενταγωνικό
Κτήριο

Κτήριο 18
Καρχηδονιακών
Αμφορέων

Ιερό
Στήλης

85

80

85

85

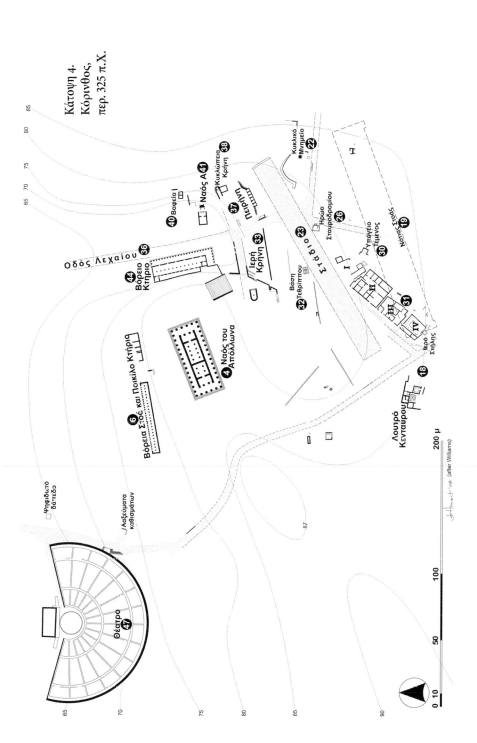

Κάτοψη 4.
Κόρινθος,
περ. 325 π.Χ.

Θέατρο **42**

Ψηφιδωτό δάπεδο

Λαξεύματα καθισμάτων

Οδός Λεχαίου **36**

Βόρεια Στοά και Ποικίλο Κτήριο **6**

Ναός του Απόλλωνα **4**

Βόρειο Κτήριο **44**

Βαφεία I **40**

Ναός A **41**

Κυκλώπεια Κρήνη **38**

Πειρήνη **37**

Ιερή Κρήνη **33**

Βάση Τέθριππου **32**

Στάδιο **23**

Ηρώο Σταυροδρομίου **26**

Κυκλικό Μνημείο **22**

Υπόγειο Τέμενος **30**

Νότιος Στοά **19**

Ιερό Στήλης **18**

Λουτρό Κενταύρου

200 μ

0 10   50   100   200 μ

(after Williams)

87

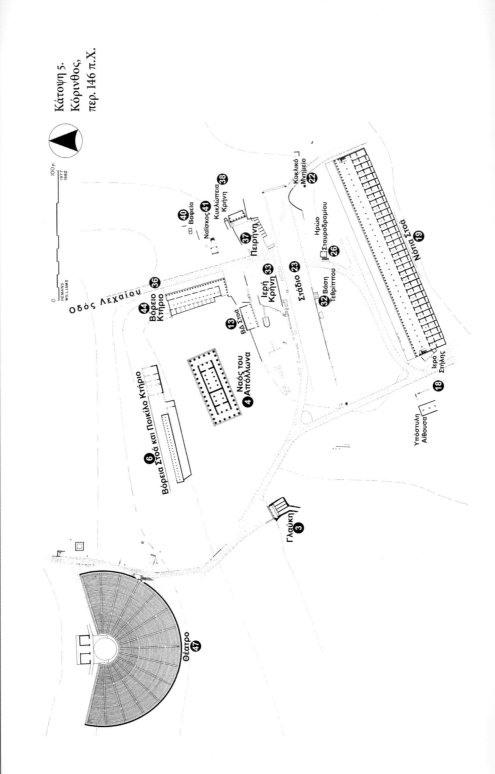

Κάτοψη 5.
Κόρινθος,
περ. 146 π.Χ.

100μ
1977
1982

HESPERIA
WILLIAMS

0

Οδός Λεχαίου

Βόρεια Στοά και Ποικίλο Κτήριο

Θέατρο ④⑦

Γλαύκη ❸

Βόρειο
Κτήριο ㊱

㊹

Ναός του
Απόλλωνα ❹

ΒΔ Στοά ⑬

Βάφεια ㊵

Νάϊσκος ㊶

Κυκλώπεια
Κρήνη ㊳

Πειρήνη

㊲

Ιερή
Κρήνη

㉝

Στάδιο ㉓

Κυκλικό
Μνημείο ㉒

Ηρώο
Σταυροδρομίου

㉖

Βάση
Γεβρίππου ㉜

Νότια Στοά ⑲

Ιερό
Στήλης

⑱

Υπόστυλη
Αίθουσα

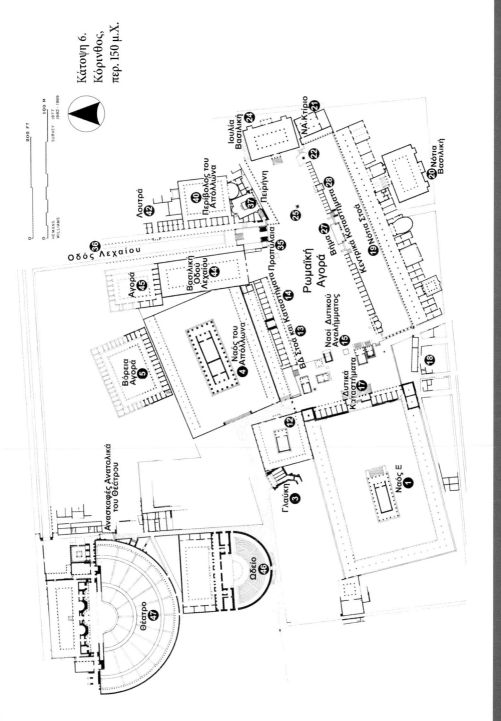

Κάτοψη 6.
Κόρινθος,
περ. 150 μ.Χ.

HEMANS   WILLIAMS   SURVEY 1977 1982 - 1989

Οδός Λεχαίου

Αγορά 45

Βόρεια Αγορά 5

Ναός του Απόλλωνα 4

Αναακαφές Ανατολικά του Θεάτρου

Θέατρο 47

Ωδείο 46

Γλαύκη 3

Ναός Ε 1

Ρωμαϊκή Αγορά

Λουτρά 42

Περίβολος του Απόλλωνα 40

Ιουλία Βασιλική 24

ΝΑ. Κτίριο 21

Νότια Βασιλική 20

Πειρήνη

37

Βασιλική Οδού Λεχαίου 44

Καταστήματα Προπύλαια 14

ΒΔ Στοά και Καταστήματα 13

Ναοί Δυτικού Αναλήμματος

Δυτικά Καταστήματα 15

Δυτικά Καταστήματα 17

36

35

25

22

Βήμα 27

28

Κεντρικά Καταστήματα 19

Νότια Στοά

12

18

Κάτοψη 7.
Κόρινθος,
Μεσαιωνικοί
Χρόνοι

Ιουλία Βασιλική

ΝΑ Κτίριο

Νότια Στοά

Νότια Βασιλική

Κυκλικό
Μνημείο ㉒

Εκκλησία
στο Βήμα ㉗

Νότιο
Λουτρό ㉙

Συγκρότημα
Πύργου ㉘

Νότια Στοά

S. L. Doukas

Γλωσσάρι

192

ΓΛΩΣΣΑΡΙ

άβακας   Το ανώτατο τμήμα του κιονοκράνου, με ευθύ-
                γραμμη κατατομή στο δωρικό ρυθμό και καμπύλη
                στον ιωνικό (βλ. σελ. 198).

άβατο   Όρος που χρησιμοποιούνταν στην αρχαιότητα για
                ιερούς χώρους όπου δεν επιτρεπόταν η είσοδος στο
                κοινό.

αγορά   Δημόσιος χώρος και βασικό κομμάτι της αρχαίας
                ελληνικής πόλης, ο οποίος χρησίμευε ως χώρος
                εμπορικής δραστηριότητας και τόπος συνάντησης
                των πολιτών.

άδυτο   Το απομονωμένο, εσωτερικό δωμάτιο ελληνικού ή
                ρωμαϊκού ναού.

αέτωμα   Το τριγωνικό τμήμα της οροφής που καλύπτεται
                από τη στέγη (βλ. σελ. 198).

Ακροκόρινθος   Η ακρόπολη της αρχαίας Κορίνθου, την οποία
                καταλάμβαναν συνεχώς κατακτητές από την αρχαι-
                ότητα έως τις αρχές του 19ου αιώνα.

ακρωτήριο   Αρχιτεκτονικό διακοσμητικό στοιχείο, το οποίο
                τοποθετείται στην κορυφή ή στη χαμηλότερη γωνία
                του αετώματος (βλ. σελ. 198).

αμφορέας   Αγγείο με δύο λαβές και στενό λαιμό, το οποίο χρη-
                σιμοποιήθηκε στην αρχαιότητα για την αποθήκευση
                ή μεταφορά κρασιού, λαδιού ή άλλων προϊόντων.

ανθύπατος   Ο κυβερνήτης ρωμαϊκής επαρχίας.

αρχαϊκή εποχή   Περ. 700–480 π.Χ., περίοδος σημαντικών πολιτεια-
                κών εξελίξεων που χαρακτηρίζεται από την άνοδο
                της δημοκρατίας, της φιλοσοφίας, του θεάτρου,
                της ποίησης, καθώς και την αναβίωση του γραπτού
                λόγου.

βασιλική   Δημόσιο κτήριο της ρωμαϊκής εποχής όπου λάμ-
                βαναν χώρα επαγγελματικές δραστηριότητες και
                επιλύονταν νομικά ζητήματα. Συνήθως, διέθετε
                τον κυρίως χώρο πλαισιωμένο από δύο κλίτη και
                κόγχη στο ένα ή στα δύο άκρα. Αργότερα, αυτός ο
                τύπος κτηρίου χρησιμοποιήθηκε για χριστιανικές
                εκκλησίες.

βήμα   Βάθρο ομιλητή.

βυζαντινή εποχή	Όρος που χρησιμοποιείται συμβατικά από το 19ο αιώνα για να περιγράψει την εποχή της ελληνόφωνης ρωμαϊκής αυτοκρατορίας κατά το μεσαίωνα, κέντρο της οποίας υπήρξε η πρωτεύουσά της, η Κωνσταντινούπολη. Η βυζαντινή αυτοκρατορία ονομάζεται και Ανατολική Ρωμαϊκή αυτοκρατορία.
γείσο	Το ανώτατο τμήμα του θριγκού (βλ. σελ. 198).
γεωμετρική εποχή	Περίοδος κατά την οποία η ελληνική αγγειογραφία χαρακτηρίζεται από γεωμετρικά μοτίβα. Άνθισε προς το τέλος των σκοτεινών χρόνων, γύρω στο 900–800 π.Χ.
γυμνάσιο	Χώρος προπόνησης όσων συμμετείχαν σε δημόσιους αγώνες, αλλά και τόπος συναναστροφής και διανοητικών αναζητήσεων.
δίστυλος εν παραστάσι	Με δύο κίονες ανάμεσα στις παραστάδες.
δωρικός	Αρχιτεκτονικός ρυθμός στον οποίο οι κίονες στηρίζονται απευθείας στο επίπεδο δάπεδο (στυλοβάτης) του ναού, χωρίς βάση, και στην κορυφή τους φέρουν κιονόκρανο με εχίνο και άβακα (βλ. σελ. 198).
ελλαδική εποχή	Σύγχρονος όρος που αναφέρεται στον πολιτισμό της ηπειρωτικής Ελλάδας κατά την εποχή του χαλκού, την 3η και τη 2η χιλιετία π.Χ.
ελληνιστική εποχή	Η περίοδος από το θάνατο του Μεγάλου Αλεξάνδρου το 323 π.Χ. έως την προσάρτηση της Ελλάδας στη Ρώμη το 146 π.Χ.
εν παραστάσι	Αρχιτεκτονικός τύπος που συνήθως αναφέρεται σε κίονες, οι οποίοι βρίσκονταν ανάμεσα στις παραστάδες, τις προεξέχουσες απολήξεις πλαϊνών τοίχων.
εξέδρα	Ημικυκλική ή ορθογώνια κόγχη ή ημικυκλικό λίθινο ή μαρμάρινο θρανίο.
επιστύλιο	Το κατώτατο τμήμα του θριγκού, το οποίο στηρίζεται στα κιονόκρανα (βλ. σελ. 198).
εποχή του χαλκού	Χρονική περίοδος που καλύπτει την 3η και τη 2η χιλιετία π.Χ. Πήρε το όνομά της από τη χρήση του χαλκού για την κατασκευή εργαλείων.
εχίνος	Το τμήμα του δωρικού κιονοκράνου που στηρίζει τον άβακα. Το σχήμα του είναι είτε κυλινδρικό είτε κωνικό (βλ. σελ. 198).

ζωφόρος	Το μεσαίο τμήμα του θριγκού. Στο δωρικό ρυθμό περιλαμβάνει τρίγλυφα και μετόπες, ενώ στον ιωνικό και στον κορινθιακό οριζόντιες ταινίες (fasciae) ή ανάγλυφη διακόσμηση (βλ. σελ. 198).
θριγκός	Η ανωδομή που στηρίζεται στους κίονες και περιλαμβάνει το επιστύλιο, τη ζωφόρο και το γείσο (βλ. σελ. 198).
ιμάτιο	Χοντρός, μάλλινος μανδύας.
Ισθμός	Η στενή λωρίδα γης που βρίσκεται κοντά στην πόλη της Κορίνθου και ενώνει την Πελοπόννησο με τη Στερεά Ελλάδα. Στα δυτικά του βρίσκεται ο Κορινθιακός κόλπος και στα ανατολικά του ο Σαρωνικός. Το 1893, στα 6,3 χλμ. πλάτους του Ισθμού διανοίχτηκε η Διώρυγα της Κορίνθου μετατρέποντας την Πελοπόννησο σε νησί.
ιωνικός	Αρχιτεκτονικός ρυθμός στον οποίο οι λεπτοί ραβδωτοί κίονες στηρίζονται σε βάση και φέρουν κιονόκρανο με έλικες (βλ. σελ. 198).
κατά χώραν	Φράση που αναφέρεται σε αντικείμενα ή μνημεία που αποκαλύφθηκαν και παραμένουν στην αρχική τους θέση.
κιονόκρανο	Η επίστεψη του κίονα (βλ. σελ. 198).
κλασική εποχή	Περ. 480–323 π.Χ.
κλίτος	Διάδρομος στις δύο μακρές πλευρές του κυρίως ναού που χωρίζεται από αυτόν με κίονες ή πεσσούς.
κόγχη	Ημικυκλική ή πολυγωνική εσοχή σε τοίχο ή απόληξη κτηρίου, συχνά θολωτή.
Κορινθία	Η περιοχή γύρω από την πόλη της αρχαίας Κορίνθου και όχι ο νομός Κορινθίας.
Κορινθιακός κόλπος	Βαθύς όρμος στην πλευρά του Ιονίου πελάγους που χωρίζει την Πελοπόννησο από τη δυτική ηπειρωτική Ελλάδα. Στα ανατολικά ορίζεται από τον Ισθμό της Κορίνθου.
κορινθιακός ρυθμός	Αρχιτεκτονικός ρυθμός με λεπτό ραβδωτό κίονα που στηρίζεται σε βάση και με περίτεχνο κιονόκρανο διακοσμημένο με φύλλα ακάνθου και έλικες (βλ. σελ. 198).
κοτύλη	Βαθύ αγγείο πόσης με οριζόντιες λαβές.
κρηπίδωμα	Βαθμιδωτό βάθρο ελληνικού ναού ή άλλου κτίσματος (βλ. σελ. 198).

κυρίως ναός	Το κεντρικό τμήμα χριστιανικής βασιλικής που εκτείνεται από το νάρθηκα έως το ιερό.
Λέχαιο	Ένα από τα δύο λιμάνια της πόλης-κράτους της Κορίνθου. Οι Κεγχρεές εξυπηρετούσαν τους ανατολικούς εμπορικούς δρόμους, ενώ το Λέχαιο, μέσω του Κορινθιακού κόλπου, εξυπηρετούσε τους εμπορικούς δρόμους που οδηγούσαν προς τα δυτικά, στη Μεγάλη Ελλάδα και στην υπόλοιπη Ευρώπη.
μάργα	Ιλύς (λάσπη) πλούσια σε ασβέστιο ή ανθρακικό ασβέστιο ή ιλυόλιθος με μεταβαλλόμενα ποσοστά αργίλου και αραγωνίτη.
μαρτύριον	Εκκλησία ή άλλο οικοδόμημα χτισμένο σε σημείο (συνήθως τάφο) που συνδέεται με χριστιανό μάρτυρα ή άγιο.
μεσοελλαδική περίοδος	Περ. 2100–1550 π.Χ., η δεύτερη υποδιαίρεση της εποχής του χαλκού για την ηπειρωτική Ελλάδα.
μετόπη	Διάστημα ανάμεσα σε δύο τρίγλυφα σε δωρική ζωφόρο. Είτε είναι αδιακόσμητη, είτε φέρει γραπτό ή γλυπτό διάκοσμο (βλ. σελ. 198).
Μπέης	Τίτλος του κυβερνήτη επαρχίας και άλλων αξιωματούχων της Οθωμανικής αυτοκρατορίας.
νάρθηκας	Η είσοδος ή ο προθάλαμος χριστιανικής εκκλησίας.
νεολιθική εποχή	Χρονική περίοδος που εκτείνεται περίπου από το 7000 π.Χ., εποχή των πρώτων γεωργικών κοινωνιών, έως περίπου το 2800 π.Χ., αρχή της εποχής του χαλκού.
οθωμανική περίοδος	Η χρονική περίοδος από το 15ο αιώνα μ.Χ. έως το 1821, κατά την οποία το μεγαλύτερο μέρος της Ελλάδας αποτελούσε τμήμα της Οθωμανικής αυτοκρατορίας.
οινοχόη	Κανάτα κρασιού, ορισμένες φορές με τριφυλλόσχημο στόμιο.
ορχήστρα	Ο συνήθως κυκλικός χώρος όπου λάμβαναν χώρα οι παραστάσεις σε θέατρο ή ωδείο.
παραστάδα	Απόληξη τοίχου σε πεσσό.
περίβολος	Περικλεισμένος ιερός χώρος, τέμενος.
πρόπυλο	Μνημειώδης είσοδος.
πρόστυλος	Ναός με κίονες στην πρόσοψη.

πρωτογεωμετρική περίοδος	Χρονική περίοδος (11ος–10ος αιώνας π.Χ.) που συνδέεται με κεραμική διακοσμημένη με πλατιές, οριζόντιες ταινίες στο λαιμό και το σώμα των αγγείων, καθώς και με ομόκεντρους κύκλους για τους οποίους χρησιμοποιήθηκε διαβήτης και πολλαπλό πινέλο.
πρωτοελλαδική περίοδος	Περ. 3250–2100 π.Χ., η πρώτη υποδιαίρεση της εποχής του χαλκού.
πυξίδα	Αγγείο με ανεξάρτητο πώμα, το οποίο χρησιμοποιούσαν οι γυναίκες για την αποθήκευση καλλυντικών ή κοσμημάτων.
πωρόλιθος	Γενικός όρος που αναφέρεται σε κάθε είδους μαλακό ασβεστόλιθο.
ρωμαϊκή εποχή	Στην Ελλάδα, συμβατικά, η χρονική περίοδος από τη νίκη των Ρωμαίων επί των Κορινθίων το 146 π.Χ. έως την ίδρυση της Κωνσταντινούπολης το 330 μ.Χ.
σαρκοφάγος	Ταφική λάρνακα για το νεκρό, συνήθως κιβωτιόσχημη και λαξευμένη σε μεγάλο λίθο.
σηκός	Η κεντρική αίθουσα ενός ναού. Λέγεται και ναός.
σίμη	Υδρορροή κτηρίου. Στις απολήξεις της στέγης υπήρχαν οπές για το νερό της βροχής, οι οποίες ορισμένες φορές είχαν τη μορφή λεοντοκεφαλών (βλ. σελ. 198).
στήλη	Κατακόρυφος λίθος ή ξύλινη πλάκα, συνήθως ενεπίγραφη ή με γλυπτό διάκοσμο.
στοά	Επίμηκες κτήριο του οποίου η οροφή στηριζόταν σε μία ή περισσότερες σειρές κιόνων, παράλληλα στον πίσω τοίχο της.
στυλοβάτης	Το ανώτερο τμήμα του κρηπιδώματος κτηρίου όπου ήταν τοποθετημένοι οι κίονες (βλ. σελ. 198)
τεκές	Ιερός χώρος των μουσουλμάνων.
τέμενος	Ιερό ή ιερός περίβολος.
τετράστυλο	Κτήριο με τέσσερις κίονες στην πρόσοψη.
τρίγλυφο	Αρχιτεκτονικό μέλος που φέρει κάθετες αυλακώσεις και εναλλάσσεται με μετόπες σε δωρική ζωφόρο (βλ. σελ. 198).

υπόκαυστο	Σύστημα υποδαπέδιας θέρμανσης λουτρού, όπου πεσσοί στήριζαν το δάπεδο, ενώ ζεστός αέρας από παρακείμενους κλιβάνους κυκλοφορούσε και ζέσταινε το δωμάτιο που βρισκόταν από πάνω.
υστεροελλαδική περίοδος	Περ. 1680–1050 π.Χ., η περίοδος ακμής του μυκηναϊκού πολιτισμού στην Ελλάδα.
ωολιθικός ασβεστόλιθος	Ιζηματογενές πέτρωμα που αποτελείται κυρίως από ορυκτό ασβεστίτη (ανθρακικό ασβέστιο).

aedicula	Μικρός λατρευτικός χώρος, ναΐσκος.
aedile	Αξιωματούχος που είχε την επίβλεψη των δημόσιων έργων, της συντήρησης των ναών, των αγώνων, της ύδρευσης και των δημόσιων θεαμάτων.
apodyterium	Το αποδυτήριο λουτρού.
caldarium	Αίθουσα λουτρού με λουτήρες θερμού νερού.
cryptoporticus	Υπόγειος θολωτός διάδρομος που στήριζε υπερκείμενη κατασκευή.
duovir ή *duumvir*	Εκλεγμένος άρχοντας, ο οποίος μαζί με το συνάδελφό του (ήταν πάντα δύο με αυτό το αξίωμα) απέδιδε δικαιοσύνη, επέβλεπε τη συνέλευση, διευθετούσε οικονομικά ζητήματα, συγκαλούσε και προέδρευε της Συγκλήτου. Η θητεία του είχε διάρκεια ένα χρόνο.
frigidarium	Δωμάτιο λουτρού που περιέχει λουτήρες με μη θερμαινόμενο νερό.
opus sectile	Διακόσμηση δαπέδου ή τοίχου με μικρά πλακίδια έγχρωμου μαρμάρου ή λίθου.
pilae	Στυλίσκοι που στήριζαν το υπόκαυστο ρωμαϊκού λουτρού.
pontifex	Μέλος της Κολλεγίας των Ποντιφίκων, του ανώτατου σώματος αρχιερέων της Ρώμης και των ρωμαϊκών αποικιών.
spina	Εύριπος, ο διαχωριστικός τοίχος στο κέντρο ρωμαϊκού ιπποδρόμου.
tepidarium	Αίθουσα λουτρού με χλιαρό νερό.

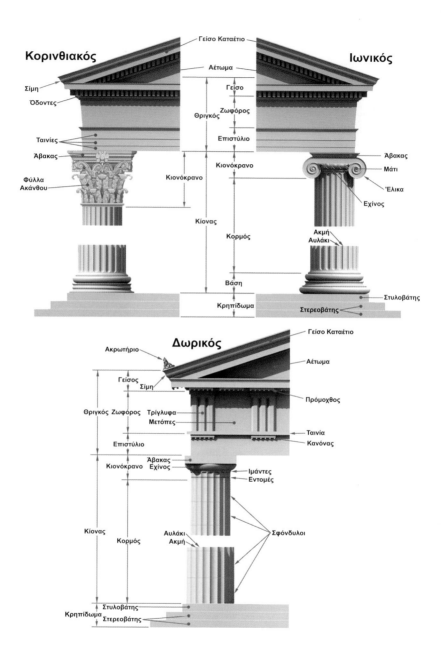

Αρχιτεκτονικοί ρυθμοί

Κατάλογος
Εκδόσεων

ΚΑΤΑΛΟΓΟΣ ΕΚΔΟΣΕΩΝ ΤΗΣ ΑΜΕΡΙΚΑΝΙΚΗΣ ΣΧΟΛΗΣ ΚΛΑΣΙΚΩΝ ΣΠΟΥΔΩΝ ΓΙΑ ΤΙΣ ΑΝΑΣΚΑΦΕΣ ΣΤΗΝ ΚΟΡΙΝΘΟ

CORINTH: RESULTS OF EXCAVATIONS CONDUCTED BY THE AMERICAN SCHOOL OF CLASSICAL STUDIES AT ATHENS

Επιστημονικές μονογραφίες για τα αποτελέσματα των ανασκαφών.

I.1 H. N. Fowler and R. Stillwell, *Introduction, Topography, Architecture* (1932).

I.2 R. Stillwell, R. L. Scranton, and S. E. Freeman, *Architecture* (1941).

I.3 R. L. Scranton, *Monuments in the Lower Agora and North of the Archaic Temple* (1951).

I.4 O. Broneer, *The South Stoa and Its Roman Successors* (1954).

I.5 S. S. Weinberg, *The Southeast Building, the Twin Basilicas, the Mosaic House* (1960).

I.6 B. H. Hill, *The Springs: Peirene, Sacred Spring, Glauke* (1964).

II R. Stillwell, *The Theatre* (1952).

III.1 C. W. Blegen, R. Stillwell, O. Broneer, and A. R. Bellinger, *Acrocorinth: Excavations in 1926* (1930).

III.2 R. Carpenter and A. Bon, *The Defenses of Acrocorinth and the Lower Town* (1936).

IV.1 I. Thallon-Hill and L. S. King, *Decorated Architectural Terracottas* (1929).

IV.2 O. Broneer, *Terracotta Lamps* (1930).

V T. L. Shear, *The Roman Villa* (1930).

VI K. M. Edwards, *Coins, 1896–1929* (1933).

VII.1 S. S. Weinberg, *The Geometric and Orientalizing Pottery* (1943).

VII.2 D. A. Amyx and P. Lawrence, *Archaic Corinthian Pottery and the Anaploga Well* (1975).

VII.3 G. R. Edwards, *Corinthian Hellenistic Pottery* (1975).

VII.4 S. Herbert, *The Red-Figure Pottery* (1977).

VII.5 M. K. Risser, *Corinthian Conventionalizing Pottery* (2001).

VII.6   I. McPhee and E. G. Pemberton, *Late Classical Pottery from Ancient Corinth: Drain 1971-1 in the Forum Southwest* (2012).

VIII.1   B. D. Meritt, *Greek Inscriptions, 1896–1927* (1931).

VIII.2   A. B. West, *Latin Inscriptions, 1896–1926* (1931).

VIII.3   J. H. Kent, *The Inscriptions, 1926–1950* (1966).

IX   F. P. Johnson, *Sculpture, 1896–1923* (1931).

IX.2   M. C. Sturgeon, *Sculpture: The Reliefs from the Theater* (1977).

IX.3   M. C. Sturgeon, *Sculpture: The Assemblage from the Theater* (2004).

X   O. Broneer, *The Odeum* (1932).

XI   C. H. Morgan II, *The Byzantine Pottery* (1942).

XII   G. R. Davidson, *The Minor Objects* (1952).

XIII   C. W. Blegen, H. Palmer, and R. S. Young, *The North Cemetery* (1964).

XIV   C. Roebuck, *The Asklepieion and Lerna* (1951).

XV.1   A. N. Stillwell, *The Potters' Quarter* (1948).

XV.2   A. N. Stillwell, *The Potters' Quarter: The Terracottas* (1952).

XV.3   A. N. Stillwell and J. L. Benson, *The Potters' Quarter: The Pottery* (1984).

XVI   R. L. Scranton, *Mediaeval Architecture in the Central Area of Corinth* (1957).

XVII   J. C. Biers, *The Great Bath on the Lechaion Road* (1985).

XVIII.1   E. G. Pemberton, *The Sanctuary of Demeter and Kore: The Greek Pottery* (1989).

XVIII.2   K. W. Slane, *The Sanctuary of Demeter and Kore: The Roman Pottery and Lamps* (1990).

XVIII.3   N. Bookidis and R. S. Stroud, *The Sanctuary of Demeter and Kore: Topography and Architecture* (1997).

XVIII.4   G. S. Merker, *The Sanctuary of Demeter and Kore: Terracotta Figurines of the Classical, Hellenistic, and Roman Periods* (2000).

XVIII.5   N. Bookidis, *The Sanctuary of Demeter and Kore: The Terracotta Sculpture* (2010).

XVIII.6   R. S. Stroud, *The Sanctuary of Demeter and Kore: The Inscriptions* (2013).

XVIII.7   N. Bookidis and E. G. Pemberton, *The Sanctuary of Demeter and Kore: The Greek Lamps and Offering Trays* (2015).

XX   C. K. Williams II and N. Bookidis, eds., *Corinth, the Centenary: 1896–1996* (2003).

XXI   K. W. Slane, *Tombs, Burials, and Commemoration in Corinth's Northern Cemetery* (2017).

HESPERIA SUPPLEMENTS

Πρόκειται για επιστημονικές μελέτες στον τομέα της ελληνικής αρχαιολογίας, σε μέγεθος βιβλίου, οι οποίες λειτουργούν ως συμπληρωματικά τεύχη της *Hesperia,* του επιστημονικού περιοδικού της ΑΣΚΣΑ. Τα τεύχη που αφορούν ευρήματα από την Κόρινθο είναι τα εξής:

28.   D. A. Amyx and P. Lawrence, *Studies in Archaic Corinthian Vase Painting* (1996).

35.   G. S. Merker, *The Greek Tile Works at Corinth: The Site and the Finds* (2006).

CORINTH NOTES

Σύντομοι οδηγοί που παρουσιάζουν ενδιαφέρουσες ανακαλύψεις από τις ανασκαφές.

1.   M. Lang, *Cure and Cult in Ancient Corinth* (1977).

2.   N. Bookidis and R. S. Stroud, *Demeter and Persephone in Ancient Corinth* (1987).

ANCIENT ART AND ARCHITECTURE IN CONTEXT

Σειρά εκδόσεων που χρηματοδοτείται από το Ίδρυμα Getty.

2.   B. A. Robinson, *Histories of Peirene: A Corinthian Fountain in Three Millennia* (2011).

Ευρετήριο

204

ΕΥΡΕΤΗΡΙΟ

*Οι αριθμοί με **έντονο** χρώμα δηλώνουν κύριο λήμμα ή περιγραφή*

ΛΕΖΑΝΤΕΣ ΚΑΙ ΠΡΟΕΛΕΥΣΗ ΦΩΤΟΓΡΑΦΙΩΝ

σελ. 14–15: Korinth mit dem Apollontempel από τον Ludwig Lange (1834–1835).

σελ. 22–23: Η πρόσοψη και η στρογγυλή πισίνα της Κρήνης της Πειρήνης (1899).

σελ. 28–29: Ο Ναός του Απόλλωνα την αυγή.

σελ. 126–127: Το χωριό της Αρχαίας Κορίνθου κάτω από τον Ακροκόρινθο.

Εικ. 1: O. Dapper, Naukeurige beschryving van Morea, eertijts Peloponnesus (Άμστερνταμ 1688), σελ. 34.

Εικ. 3: O. M. von Stackelberg, Trachten und Gebräuche der Neugriechen (Βερολίνο 1831), πιν. V.

Εικ. 4: W. Brockedon, Finden's Illustrations of the Life and Works of Lord Byron, τόμος III (Λονδίνο 1834).

Εικ. 27: O. M. von Stackelberg, La Grèce: Vues pittoresques et topographiques (Παρίσι, 1834), πιν. 40.

Εικ. 37: Biblioteca Medicea Laurenziana. Ευγενική παραχώρηση της Web Gallery of Art.

Εικ. 78: Museo de El Greco. Ευγενική παραχώρηση της Web Gallery of Art.

Εικ. 167: Ευγενική παραχώρηση του J. Bravo.

Εικ. 168: S. P. Lambros, "Ueber das korinthische Amphitheater," AthMitt 2 (1877), σελ. 282–288, πιν. 19.

Εικ. 172: Ευγενική παραχώρηση της R. Valente.

Εκτός και αν δηλώνεται διαφορετικά, όλες οι φωτογραφίες είναι ευγενική παραχώρηση των Ανασκαφών της Κορίνθου.